野菜は
やわらかく
煮るほど
おいしい

くったり、
しっとり、
クタクタと。

飛田和緒

はじめに

ある日ブロッコリーを
茹で過ぎてしまったことがありました。
噛むと、口の中でほどけて
いい意味での青臭さ、香りが鼻に抜け、
今まで味わったことのない
甘みがじんわりとやってきました。

この日以来、我が家のブロッコリーは
かた茹でからふんわりやわらか茹でまで、
茹で加減の幅が広がりました。
そして今まで歯応えを楽しんできた
ほかの野菜も
やわらかく茹でたり、煮るように。

根菜は竹串を刺して茹で加減や
煮え具合を確認してきたけれど、
もう一歩踏み込んでやわらかさが出るように
時間をかけて作るようになりました。
串は刺さるけれど、実際に口に入れると、
あれっ？ もう少し煮たほうがよかったなと、

思うことが度々あって、そのように。
竹串はあくまでも目安。
　最後は必ず口に入れて
舌でつぶせるほどやわらかいか、
噛み砕いたときに滑らかさはあるか、
野菜の茹で具合、煮上がりを確かめます。
　そろそろいいかなと思っても、
あともう少し、あともうひと煮と、
余裕をもって料理するようになりました。
　そして「煮る」の最後の仕上げは
一度冷ますこと。
やわらかく煮上がった野菜は
さらに味を含み、馴染みます。
その先にくったり、しっとり、クタクタ、
むっちり、ねっとりとした
旨みたっぷりの野菜が待っていると思うと、
時間をかけずにはいられません。
　時間がおいしくしてくれる。
ぜひ皆さんに知ってほしくて
一冊にまとめました。

飛田和緒

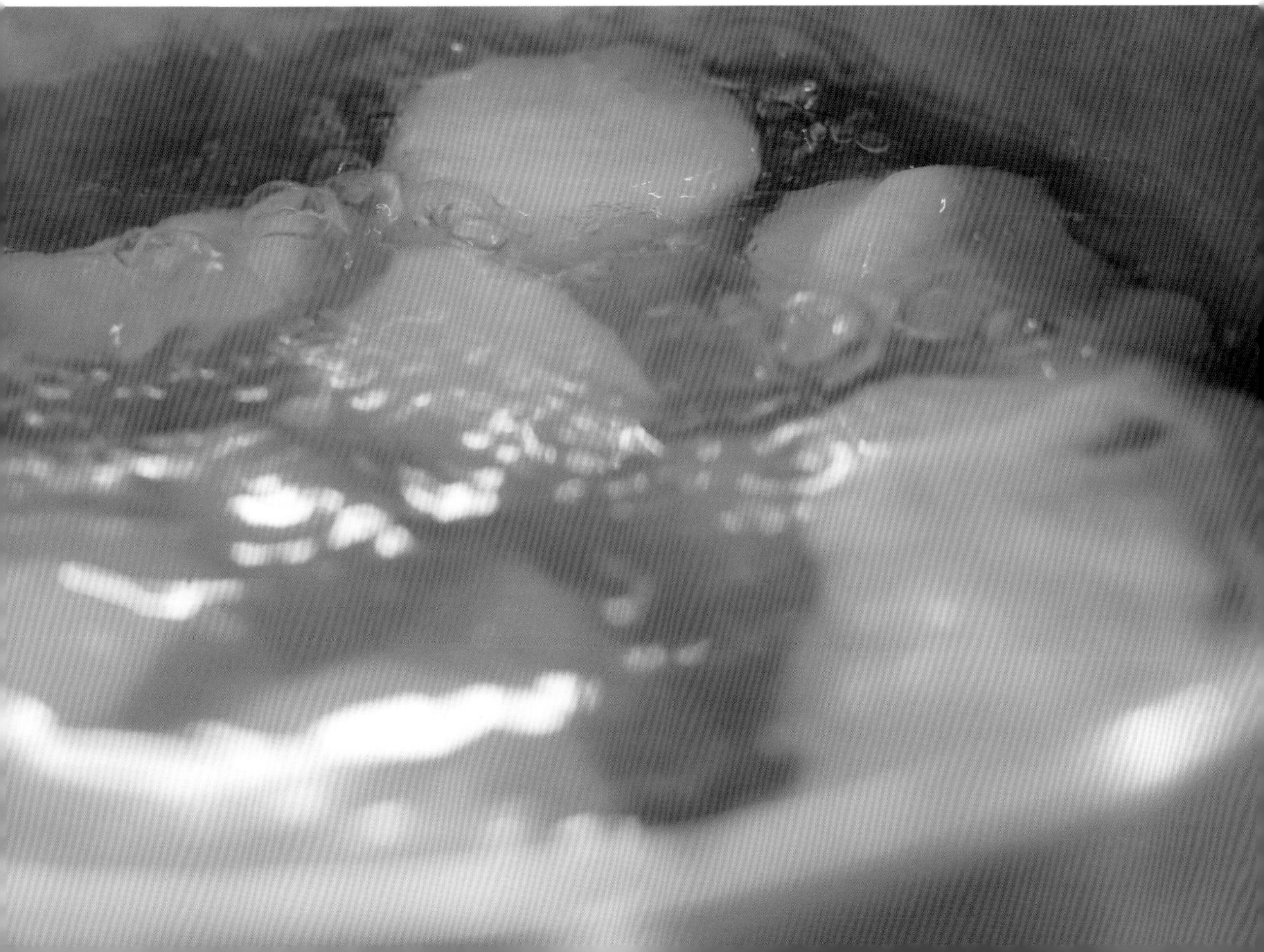

【秋を感じたら】

［春を感じたら］

［料理を始める前に］

・小さじ1は5ml、大さじ1は15ml、1カップは200mlです。ごく少量の調味料の分量は「少々」で親指と人差し指でつまんだ分量、「ひとつまみ」は親指と人差し指と中指でつまんだ分量になります。「適量」はちょうどよい分量、「適宜」は好みで入れなくてもよいということです。

・野菜類は特に指示のない場合は、洗う、むくなどの作業を済ませてからの手順です。特に指示のない場合は、その作業をしてから調理をしてください。

・調味料類は特に指定していない場合は、酒は日本酒、しょうゆは濃口しょうゆ、塩は自然塩、油は米油、オリーブオイルはエクストラヴァージンを使っています。

秋を感じたら

夏の盛りが去って暑さも和らぎ、
過ごしやすくなってくると
空気も急に冷たく変わります。
寒くなるにつれ、野菜は甘みを増し、
ホカホカとからだとこころを
温めてくれる料理に変身します。
クタクタに煮えた白菜やキャベツ。
箸がスッと入るほど、
やわらかく煮えた大根。
寒い時季、ゆったりとした気持ちで
料理するのはくつろげる時間です。

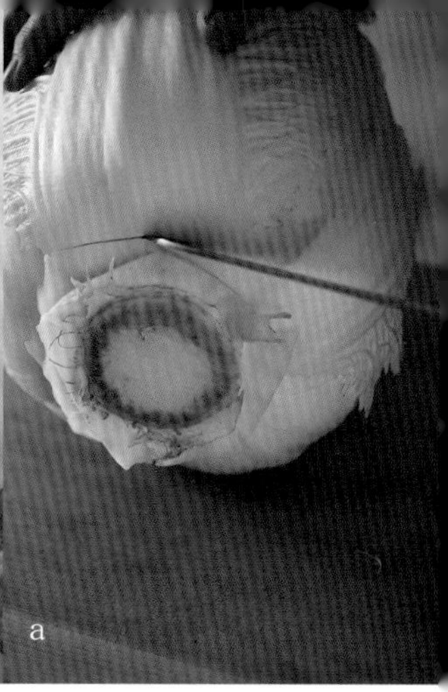

a

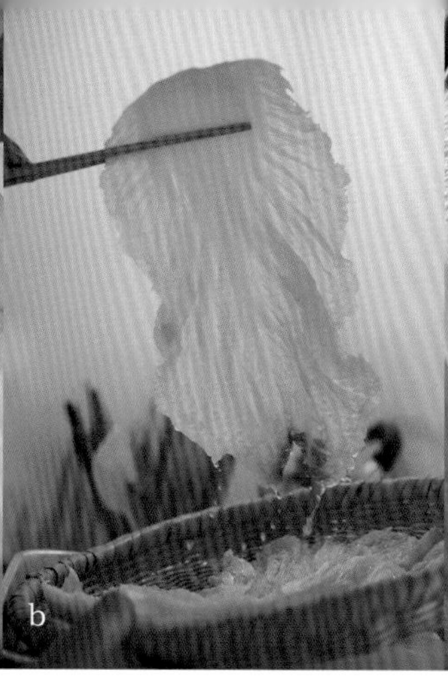

b

c

d

ロール白菜

挽き肉を包んだ白菜を
鍋いっぱいに詰め込みます。
ギュウギュウに詰めると
鍋中で動かず、
形がくずれません。
煮ている間に隙間ができたら
残った白菜の芯を詰め込んで。
澄んだ挽き肉のスープも絶品。

材料（4、5人分）

白菜の葉…10枚

タネ
- 鶏挽き肉…200g
- 玉ねぎ…1/4個
- 塩、しょうゆ…各小さじ1/2

作り方

1 白菜は芯の周りに切り込みを入れ（a）、葉を1枚ずつていねいにはがす。さっと熱湯にくぐらせ（b）、葉と芯に切り分ける。

2 タネを作る。1の芯3枚分を粗みじん切りにし、タネの材料と合わせて練り混ぜる。

3 葉を広げ、10等分にして丸めたタネをのせて両端を巻き込みながら包む（c）。

4 巻き終わりを下にして鍋に並べる。隙間があれば、残った芯を詰める。ひたひたの水を加え（d）、蓋をして中火で煮る。

5 沸騰してきたら弱めの中火にして30分ほど煮て火を止め、そのまま鍋中で冷ます。

6 食べるときに温め直し、スープの味をみて塩（分量外）で調える。

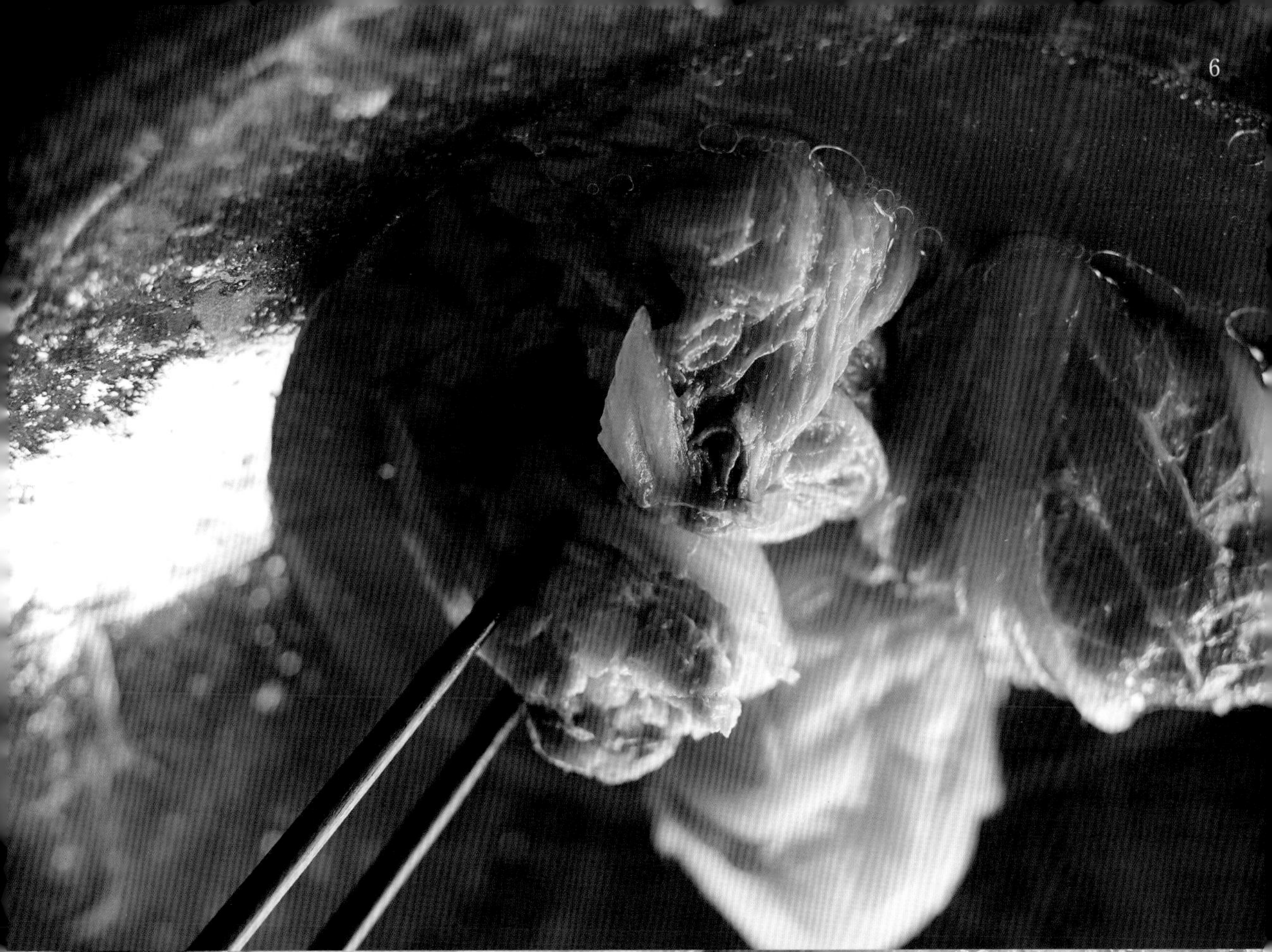

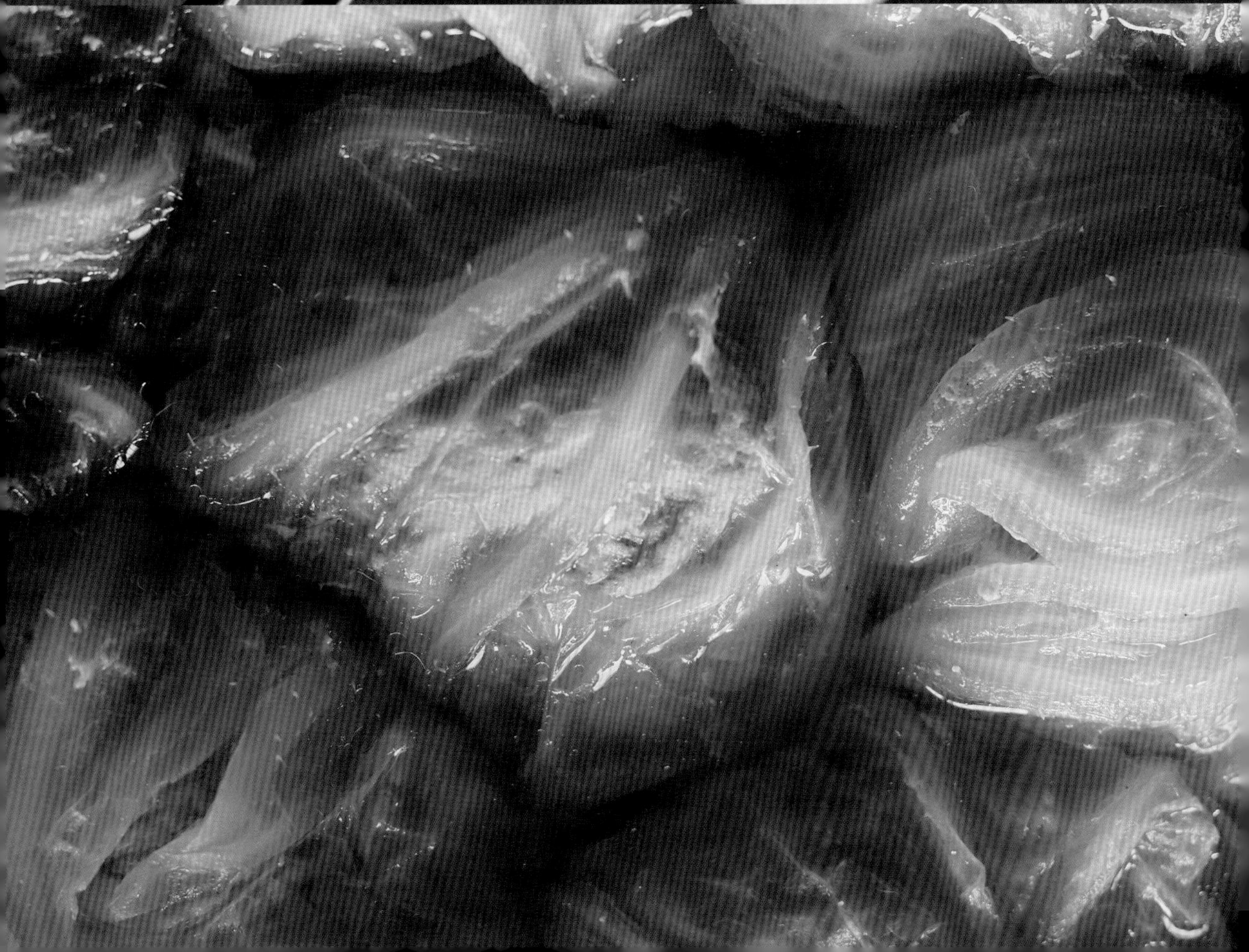

キャベツロール

ロールキャベツでなく、
キャベツロール。
そう、具はキャベツの芯。
丸ごと茹でたキャベツで
たくさん作り、
くったりとやわらかく煮ます。
仕上げはトロトロに
溶けたチーズ。
チーズの塩気とコクで
さらにキャベツの
甘みが増します。

材料（2、3人分）
キャベツの葉…12枚
にんにく…ひとかけ
塩…小さじ1/2
粗挽き黒こしょう…少々
オリーブオイル…大さじ1
ピザ用チーズ…適量

作り方

1 キャベツは芯の周りに包丁を刺すように切り込みを入れて芯をくり抜く。熱湯に葉のほうから丸ごと入れ、色が鮮やかに変わったら裏返す。葉がほどけてきたらザルに上げ、水気をきる（a）。

2 葉を1枚ずつていねいにはがし、葉と芯に切り分ける。葉を2枚重ね、切り取った芯を1個のせて両端を巻き込みながらきつく巻く（b）。

3 鍋にオイルとにんにくを入れて弱火にかける。こんがりと色づいたら火を止め、そのまま鍋中で冷ます。

4 巻き終わりを下にして2を並べる。隙間があれば、残った芯を詰める。

5 水をひたひたになるまで加え（c）、蓋をして中火で煮る。沸騰してきたら弱火にして40～60分煮る。

6 キャベツがやわらかく煮えたら味をみて、塩で調える。さらに5分ほど煮て、ピザ用チーズをふり、蓋をしてオニオングラタン風にチーズを溶かす（d）。

7 器に盛り、こしょうをふる。

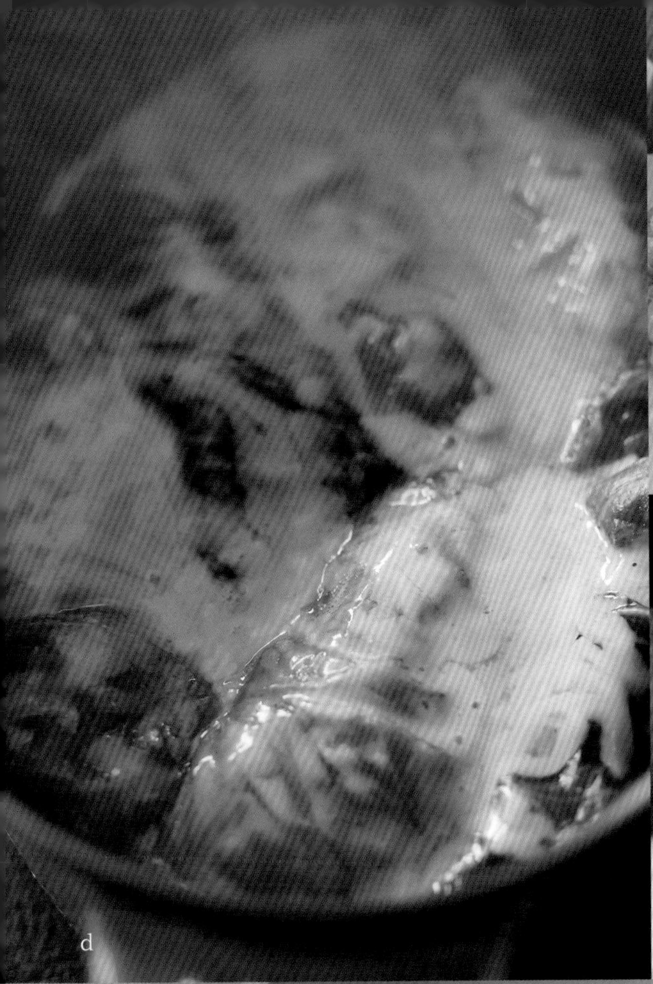
d

b

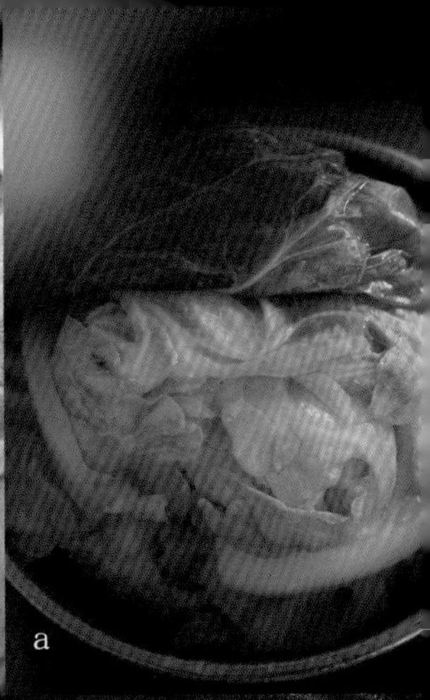
a

c

白菜と豚バラ肉の煮込み

ギュウギュウに埋めた白菜。
さらにその間を、
ギュウギュウに埋めた豚バラ肉。
白菜から出た水分に
豚肉の脂が溶け込み、
奥深いスープになります。
たっぷりのしょうがは絶対に。
パンチを効かせる
薬味や酸味があれば、
なおおいしく
いただけます。

材料（4、5人分）
豚バラ薄切り肉…400g
白菜…1/2個
塩…小さじ1と1/2
酒…1/3カップ
ごま油…1/4カップ
しょうがのせん切り
…ふたかけ分
細ねぎの小口切り、柑橘類、
しょうゆ…各適宜

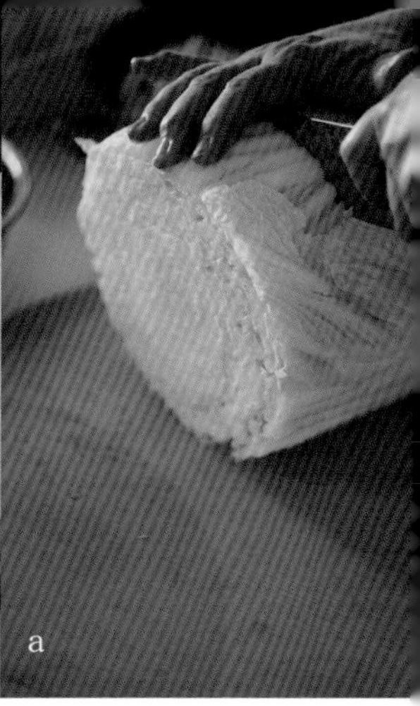
a

b

c

作り方

1 白菜は鍋の深さに合わせて輪切りにし（a）、縦に詰める（b）。

2 豚肉は大きめのひと口大に切り、白菜の間に詰める（c）。

3 塩をふり、酒と油を回しかける。

4 蓋をして中火にかける。沸騰してきたら、弱めの中火にして20〜30分煮る。

5 白菜がトロトロに煮えたらしょうが、好みで細ねぎをふり、柑橘類を搾ったり、しょうゆを垂らして食べる。

塩豚キャベツ煮

塩もみしたキャベツは
余分な水分が抜けて甘くなり、
ますますおいしくなります。
塩豚の旨みと脂を
キャベツに含めながら、
くったりと煮込んでください。

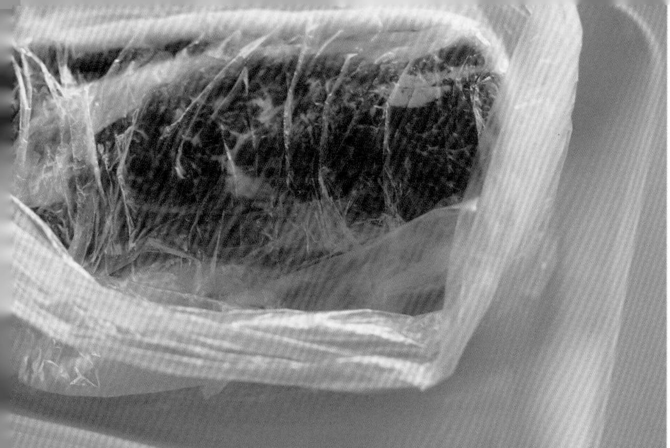
a

c

b

材料（3、4人分）

豚肩ロース肉（ブロック）…400g
キャベツ…1/2個
レモン汁…1/3個分
（または白ワインビネガー…大さじ1）
オリーブオイル…大さじ1
小麦粉…小さじ2
塩、粗挽き黒こしょう…各適量

作り方

1 塩豚を作る。豚肉は塩小さじ1と1/2をすり込む。ラップで包んでさらにポリ袋に入れ、冷蔵庫で3〜4日置く（a）。

2 キャベツはざく切りにし、塩小さじ1をふって軽く混ぜ、15分ほど置いて塩を馴染ませる。

3 1の塩豚を2cm厚さに切り、全体に小麦粉をまぶす。

4 鍋にオイルを入れて3を並べ、中火にかける。両面を焼き、取り出す。

5 キャベツの水気を軽くきり、4の鍋に入れ、残っているオイルで炒める（b）。キャベツの量が多い場合は蓋をしてかさを減らしてから炒める。

6 全体にオイルが馴染んだら焼いた豚肉をキャベツの上にのせる。

7 水2カップを加え、沸騰してきたら蓋をして弱めの中火で30〜40分煮る。

8 キャベツがくったりとしたら、塩とレモン汁で味を調える（c）。仕上げにこしょうをふり、軽く混ぜる。

秋野菜のポトフ

歯応えのある根菜も
やわらかく煮込むと、
また違う食感に
生まれ変わります。
たっぷりと作れば、
温め直すごとに野菜に
スープが染み込みます。

材料（4、5人分）
牛スネ肉（ブロック）…500g
ごぼう…200g
れんこん…100g
セロリ…1本
大根…6cm
里芋…4個
酒…1/4カップ
塩…適量
粒マスタード、ゆずこしょう…各適宜

作り方

1 スネ肉は大きめに切り、塩小さじ1/2をすり込んで15分ほど置く。鍋に入れ、酒と水1.5ℓを加えて中火にかける。

2 沸騰したらていねいにアクを取り、蓋をして弱めの中火にする。50分ほど煮たら火を止め、そのまま鍋中でひと晩置く。

3 ごぼうは皮をタワシでよく洗って5cm長さに切り、れんこんは乱切りにし、それぞれ水に5分ほどさらす。セロリは筋を取り、6〜7cm長さに切って縦半分に切る。大根は厚めに皮をむいて大きめの乱切りにする。里芋は皮をむき、大きい場合は半分に切り、塩適量をふってよくもみ込んでおく。

4 2の水面にかたまった脂をスプーンで取り、里芋以外の野菜を加えて中火にかける。30分ほど煮て、野菜に竹串がスッと通るまでやわらかくなったら、塩を洗い流した里芋を加えてさらに20分ほど煮る。

5 すべての野菜がやわらかくなったらスープの味をみて塩で調え、そのまま冷ます。

6 食べるときに温め直し、好みで粒マスタードやゆずこしょうを添える。

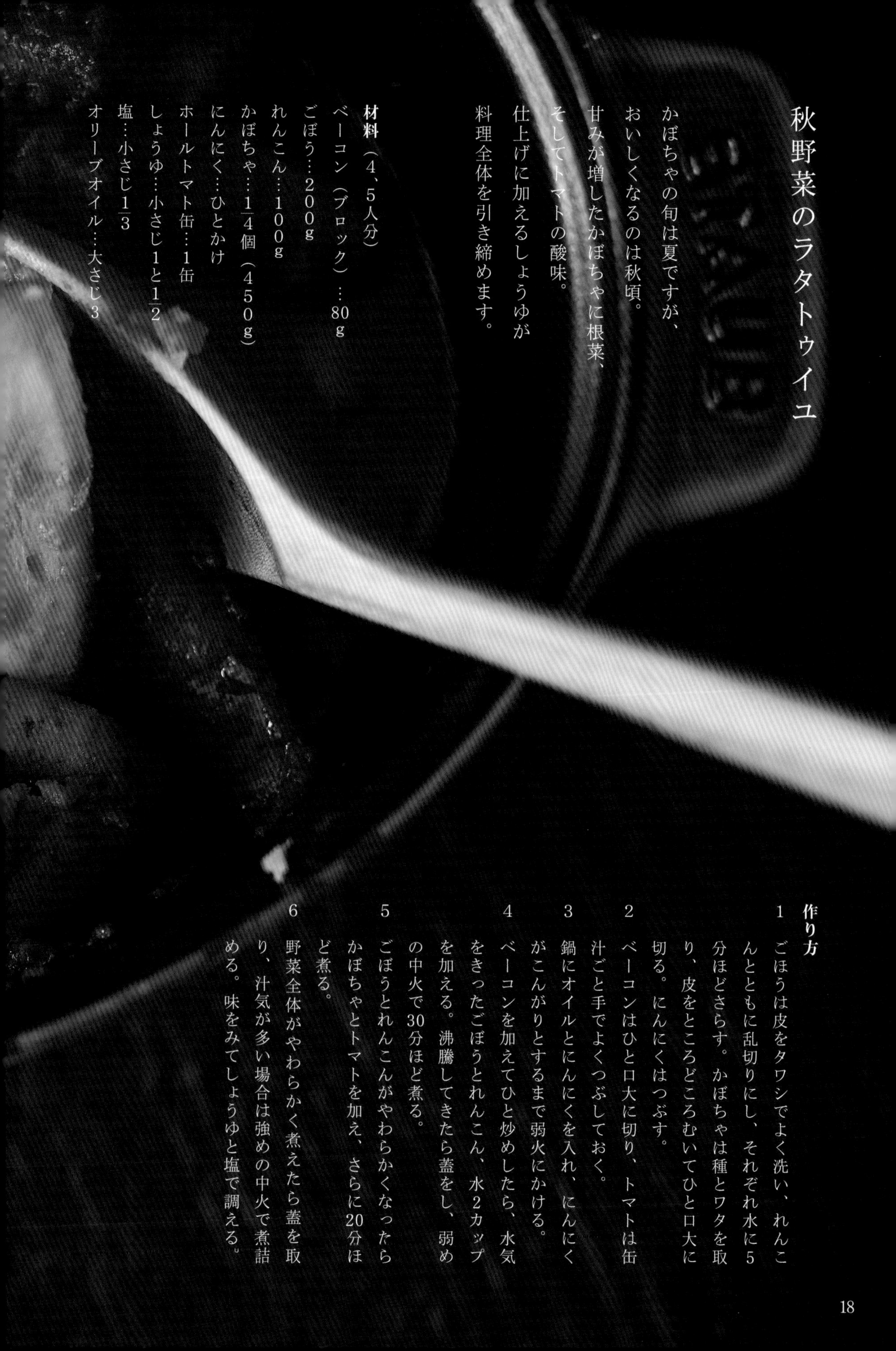

秋野菜のラタトゥイユ

かぼちゃの旬は夏ですが、
おいしくなるのは秋頃。
甘みが増したかぼちゃに根菜、
そしてトマトの酸味。
仕上げに加えるしょうゆが
料理全体を引き締めます。

材料（4、5人分）
ごぼう…200g
ベーコン（ブロック）…80g
れんこん…100g
かぼちゃ…1/4個（450g）
にんにく…ひとかけ
ホールトマト缶…1缶
しょうゆ…小さじ1と1/2
塩…小さじ1/3
オリーブオイル…大さじ3

作り方

1 ごぼうは皮をタワシでよく洗い、れんこんとともに乱切りにし、それぞれ水に5分ほどさらす。かぼちゃは種とワタを取り、皮をところどころむいてひと口大に切る。にんにくはつぶす。

2 ベーコンはひと口大に切り、トマトは缶汁ごと手でよくつぶしておく。

3 鍋にオイルとにんにくを入れ、にんにくがこんがりとするまで弱火にかける。

4 ベーコンを加えてひと炒めしたら、水気をきったごぼうとれんこん、水2カップを加える。沸騰してきたら蓋をし、弱めの中火で30分ほど煮る。

5 ごぼうとれんこんがやわらかくなったらかぼちゃとトマトを加え、さらに20分ほど煮る。

6 野菜全体がやわらかく煮えたら蓋を取り、汁気が多い場合は強めの中火で煮詰める。味をみてしょうゆと塩で調える。

カリフラワーのくったり煮

カリフラワーをシンプルに蒸し煮に。
味つけは塩、そして香りづけにクミン。
好みでオイルを回しかけても。
寒くなってきたら
からだを冷やすサラダではなく、
蒸し煮がおすすめです。

材料（4、5人分）
カリフラワー…1株
塩…小さじ1/2
クミンシード…小さじ1

作り方
1 カリフラワーは小房に分ける。
2 厚手の鍋に1と水1/2カップを入れて塩をふり、蓋をして中火にかける。
3 鍋が熱くなってきたら弱めの中火にし、30分蒸し煮にする。
4 途中様子をみて焦げつきそうだったら火を弱め、水を足す。カリフラワーがホロホロにくずれるほどやわらかくなったらクミンシードをふり、蓋をしてさらに5分ほど蒸し煮にする。

カリフラワーの粒マスタード蒸し煮

優しい味のカリフラワー。しっとりとやわらかく蒸し煮にし、パンチのあるマスタードを合わせます。

材料（4〜5人分）
カリフラワー…1株
塩…小さじ1/3
粒マスタード、しょうゆ、オリーブオイル…各大さじ1
レモン…1/2個

作り方
1 カリフラワーは小房に分ける。
2 厚手の鍋に1と水1/2カップを入れて塩をふり、蓋をして中火にかける。
3 鍋が熱くなってきたら弱めの中火にし、30分蒸し煮にする。
4 途中様子をみて焦げつきそうだったら火を弱め、水を足す。カリフラワーがホロホロにくずれるほどやわらかくなったら粒マスタードとしょうゆを加えてそっと絡める。
5 器に盛り、オリーブオイルを回しかけ、レモンを搾る。

ブロッコリーのナムル風

蕾はやわらかく、
茎はねっとりとした食感。
すぐにやわらかくなる
ブロッコリーは、
さっと調理して
湯気が立っている熱々を
食べたくなります。

材料（2、3人分）
ブロッコリー…大1株（350g）
ごま油…大さじ2
白炒りごま…小さじ1
塩…適量

作り方

1 ブロッコリーは小房に分け、茎は皮を厚めにむいてひと口大に切る。

2 鍋に湯を沸かして塩適量を入れ、1をやわらかめに茹でる。

3 ザルに上げて水気をきり、ボウルに入れる。塩ひとつまみ、油、ごまを加えて和える。

ブロッコリーのクリームスープ

ひと鍋でできるスープは、
寒い朝に助かるひと皿です。
ぐずぐずにやわらかく煮ても、
青々しい存在感のある
ブロッコリー。
牛乳と合わせてあっさりと、
優しい味に仕上げます。

材料（3、4人分）

ブロッコリー
…大1株（350g）
じゃがいも…小1個
玉ねぎ…1/2個
にんにく…ひとかけ
牛乳…1と1/2カップ
塩…小さじ1/3
オリーブオイル…大さじ1
生クリーム…適宜

作り方

1 ブロッコリーは小房に分け、茎は皮を厚めにむいて薄い輪切りにする。じゃがいもは皮をむいて薄切りにする。玉ねぎとにんにくはみじん切りにする。

2 鍋にオイル、にんにく、玉ねぎを入れて中火にかけ、玉ねぎが透き通るまで炒める。

3 ブロッコリーとじゃがいもを加え、水1/2カップを加える。蓋をし、15〜20分蒸し煮にする。

4 ブロッコリーが簡単につぶせるほどやわらかくなったら火を止め、マッシャーやフォークでつぶす。

5 牛乳を加えて弱火にかけ、味をみて塩で調え、好みで生クリームを加える。

ふろふき大根

やわらかく煮たはずだけど、
食べてみるとかたい…。
そう感じることが多い大根。
箸でもスッと切れる
やわらかさにするには、
じっくり下茹ですることです。

材料（作りやすい分量）
下茹でした大根…1本分
昆布だし*…4カップ
塩…小さじ1/2
ゆずこしょう…適宜

*昆布だし（作りやすい分量）
容量2ℓの冷水ポットに水と昆布30gを入れて冷蔵庫へ。最短で2～3時間、できればひと晩置く。昆布は入れたままにし、だしは2～3日以内で使い切る。残った昆布は煮出して二番だしとして使う。鍋に昆布と水2ℓを入れて中火にかけ、煮立ったら火を止め、味噌汁やスープ、鍋などに活用する。

作り方

鍋にだし、塩、下茹でした大根を入れ、落とし蓋をして10分ほど煮たら火を止め、そのまま鍋中で冷ます。食べるときに温め直し、好みでゆずこしょうを添える。

大根の下茹で

1 大根は3～3.5cm幅の輪切りにし、厚めに皮をむく（a）。角を削るように面取りをし（b）、片面に深さ5mmほどの十字の切り込みを入れる（c）。

2 大きめの鍋に切り込みの面を下にして大根を入れ、しっかりとかぶる程度の米の研ぎ汁を加え、中火にかける。

3 沸騰してきたらフツフツとする中火～弱めの中火にし、40～60分茹でる（d）。

4 竹串を刺し、力を入れなくてもスッと通るまでやわらかく煮えたら火を止め、そのまま鍋中で冷ます。

5 大根の粗熱が取れたら、ひとつひとつ流水できれいに洗う。

a

b

c

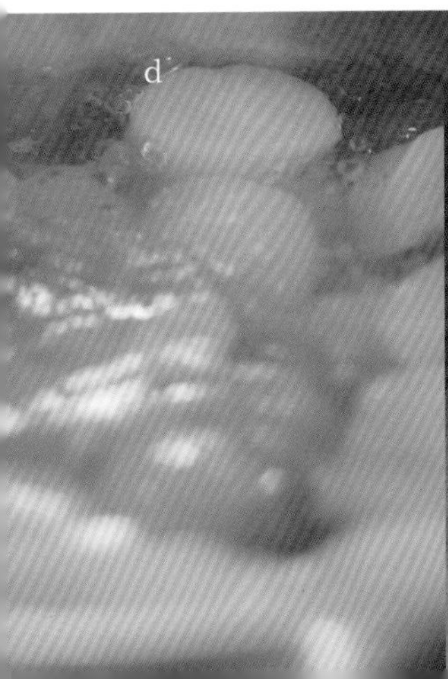
d

おでん

おでんの主役は大根です。
そう思ってしまうのは私だけ？
ハフハフと言いながら食べる、
だしが染み込んだ大根は
格別のおいしさだと思います。

材料（4、5人分）
下茹でした大根（27ページ）…8個
玉こんにゃく…12～15個
卵…6個
昆布…適量
塩…小さじ1
薄口しょうゆ…小さじ2
和からし…適宜

作り方

1　こんにゃくは熱湯で10分ほど茹で、アク抜きをする。ザルに上げて水気をきり、粗熱が取れたら竹串に刺す。

2　卵は沸騰した湯に入れ、10分ほど茹でたら冷水に取って冷まし、殻をむく。

3　昆布は5カップの水につけて戻す。戻した昆布は2cm幅に切り、結び昆布にする。戻し汁は昆布だしとして使うので取っておく。

4　鍋に3の昆布だしと結び昆布、下茹でした大根、1、2を入れて中火にかける。沸騰してきたら塩、しょうゆを加えて30分ほど煮て、そのまま冷ます。

5　食べるときに温め直し、味をみて塩としょうゆ（ともに分量外）で調え、好みで和からしを添える。

〝おまけレシピ〟

大根葉の梅きんぴら

大根の葉は捨てず、
きんぴらに！
梅干しを加えたら
水分が飛ばないように
一度だけ混ぜるのが、
しんなりとさせるコツです。

材料（作りやすい分量）
大根の葉…450g
梅干し（塩分15%のもの）…大2個
油…大さじ2

作り方

1　料理で使わなかった大根の葉は、ざく切りにする。

2　鍋に油と1を入れて中火にかけ、軽く混ぜて全体に油を馴染ませる。

3　梅干しは種を取り、ちぎった果肉と種を2に加え、蓋をする。途中一度軽く混ぜ（写真右上）、しんなりとしたら火を止める。鍋中でそのまま冷まし、味を馴染ませる。

大根と塩豚のスープ

大根に塩豚の旨みが染み、
深みのあるスープになります。
私は黒こしょうを
たっぷりと挽いて食べるのが好きです。
残った塩豚はそのまま焼いても、
煮物にしてもおいしいです。

材料（2、3人分）

塩豚（作りやすい分量）
- 豚肩ロース肉（ブロック）…350g
- 塩…小さじ1

大根…1/2本（400g）
ナンプラー…小さじ1/2
塩…小さじ1/3
粗挽き黒こしょう…適量

作り方

1　塩豚を作る。豚肉に塩をすり込み、ラップで包んでさらにポリ袋に入れ、冷蔵庫で3～4日置く。

2　塩豚160gを切り出し、食べやすい大きさに切る。

3　大根は3cm厚さに切り、皮を厚めにむいていちょう切りにする。

4　鍋に2、3、水3カップを入れて中火にかける。沸騰してきたらていねいにアクを取り、蓋をして弱めの中火で30分ほど煮る。

5　大根がしっとりとやわらかく煮えたら味をみて、ナンプラーと塩で調える。

6　器に盛り、こしょうをたっぷりとふる。

大根と牛すじの煮込み

トロトロに煮込んだ牛すじと
芯まで味が染みた大根は
冬に食べたくなる定番料理。
大根はだしであっさりと煮ても、
甘辛く煮つけてもよい、
万能野菜ではないかと思います。

材料（4、5人分）
牛すじ肉…500g
大根…1/2本（400g）
酒…1/3カップ
塩…小さじ1/2
味噌…大さじ2～3

作り方

1 すじ肉は鍋に入れ、かぶる程度の水を加えて強火にかける。沸騰したらザルに上げ、新しい水に替えて再度火にかける。沸騰したら、また茹でこぼす、をアクが出なくなるまで2～3回繰り返す。

2 茹でこぼした肉は流水でアクや汚れをよく洗い、ひと口大に切る。

3 鍋に2、酒、かぶる程度の水を入れ、強火にかける。沸騰してきたら中火にし、蓋をして40分ほど煮る。途中何度か蓋を取って煮汁の量を確かめ、少なくなっていたらその都度水を足し、肉が水面から出ないように注意する。塩を加えて15分ほど煮たら火を止め、そのまま鍋中で冷ます。

5 大根は3cm厚さに切る。皮を厚めにむいて半分に切り、面取りをする。4に加え、煮汁が少なかったら水を少し足し、蓋をして弱めの中火で30～40分煮る。

6 竹串を刺し、力を入れなくてもスッと通るまでやわらかく煮えたら味噌を溶き入れる。一度火を止めて粗熱を取り、しっかりと味を含める。

韓国風肉じゃが

ホクホク、ねっとりのじゃがいも、トロトロに煮えた玉ねぎ。そしてにんにくが効いた甘辛たれは、元気になる味。「おかわり！」と言う声が今にも聞こえてきそうです。

材料（2、3人分）

豚バラ薄切り肉…150g
じゃがいも…3個
玉ねぎ…大1個
にんにく…ひとかけ
しょうが…ひとかけ
砂糖、しょうゆ…各大さじ1
豆板醤、甜麵醤、コチュジャン、ナンプラー…各小さじ1
ごま油…大さじ1と1/2

作り方

1 じゃがいもは皮をむいて大きめのひと口大に切る。玉ねぎはバラバラにならないように根元を薄く切り（42ページ参照）、8等分のくし形切りにする。にんにくとしょうがはみじん切りにする。豚肉はひと口大に切る。

2 鍋に油、にんにく、しょうがを入れて弱めの中火にかける。香りが出てきたら豆板醤を加えてひと炒めする。

3 じゃがいも、玉ねぎ、豚肉を加える。鍋をゆすって全体に油を馴染ませたら水2カップを加える。

4 沸騰したら砂糖を加え、落とし蓋、さらに蓋をして15分ほど煮る。

5 じゃがいもに竹串を刺し、力を入れなくてもスッと通るまでやわらかく煮えたら、残りの調味料を少し取った煮汁で溶かして鍋に加え、蓋を取ったまま強めの中火で10分ほど煮詰める。

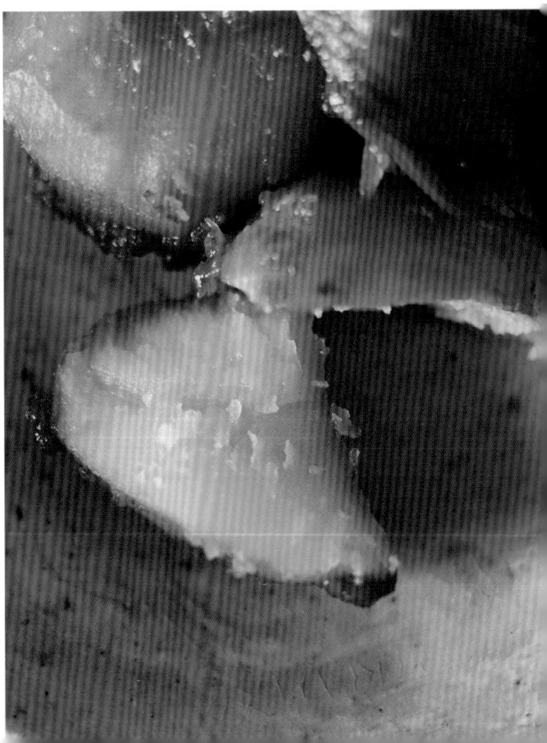

じゃがいもとたらのにんにくスープ

ほろりとくずれるほどにやわらかくなったじゃがいも。でんぷん質が多い男爵を使えばくずれてスープと馴染み、とろみもつきます。

材料（2、3人分）
たら（切り身）…2切れ
じゃがいも…2個
長ねぎ…1/2本
にんにく…大ひとかけ
オリーブオイル…大さじ1
塩…適量

作り方

1 じゃがいもはひと口大に切り、長ねぎは1cm幅の斜め切り、にんにくは薄切りにする。
2 たらはひと口大に切り、塩を軽くふって10分ほど置く。
3 鍋にオイルとにんにくを入れ、弱火にかける。
4 にんにくが香ばしくなってきたらじゃがいも、長ねぎ、水3カップを加え、蓋をして中火で煮る。
5 じゃがいもに竹串を刺し、やわらかくなる手前まで火が通ったら水気をふいたたらを加え、5分ほど煮る。
6 じゃがいもがしっかりとやわらかくなったら味をみて、塩で調える。

じゃがいもと豚肉のクリーム煮

豚肉とじゃがいもが生クリームの風味と合います。シチューと違って手軽に作れ、素材の旨みが味わえるひと皿。かぶや大根で作っても。

材料（3、4人分）
豚とんかつ用ロース肉…2枚（250g）
じゃがいも…3個
玉ねぎ…1個
生クリーム…1カップ
小麦粉、オリーブオイル…各大さじ1
塩、粗挽き黒こしょう…各適量
イタリアンパセリ…適宜

作り方
1 じゃがいもは4等分、玉ねぎは8等分のくし形切りにする。
2 豚肉は2cm幅に切る。塩小さじ1/3とこしょう適量をふり、全体に小麦粉をまぶす。
3 鍋にオイルを入れ、2の豚肉を並べて中火にかける。両面をこんがりと焼いたらじゃがいもと玉ねぎを加えて軽く炒め、水2カップを加える。
4 沸騰したら弱めの中火にし、落とし蓋、さらに蓋をして20分ほど煮る。
5 じゃがいもがやわらかくなったら落とし蓋を取り、生クリームを加える。弱火に落とし、味をみて塩で調える。
6 器に盛り、好みで粗く刻んだイタリアンパセリをふる。

ビーツのシチュー

ビーツは生を切って
そのまま炒め煮や蒸し煮にしたり、
スープにしたりもしますが、
オーブンで焼く
ひと手間を加えると、
ビーツの甘みが
増すような気がします。

a

b

材料（4、5人分）
ベーコン（ブロック）…60g
ビーツ…1個（350g）
キャベツ…1/2個
にんじん…1本
玉ねぎ…1/2個
セロリ…1本
トマト…1個
にんにく…ひとかけ
バター、オリーブオイル…各大さじ2
塩…適量
ディル、サワークリーム、
水きりヨーグルト…各適宜

作り方

1 ビーツは皮ごとよく洗ってホイルで包み、180℃に温めたオーブンで40分ほど焼く。竹串を刺してスッと通ったら取り出してそのまま冷まし（a）、皮をむいて細切りにする（b）。

2 キャベツ、にんじん、玉ねぎ、セロリは細切り、トマトはざく切り、にんにくはみじん切りにする。ベーコンは7～8mm角の棒状に切る。

3 鍋にバター、オイル、にんにくを入れて弱火にかける。にんにくの香りが出てきたらビーツとトマト以外の野菜を加えて軽く炒める。

4 蓋をして弱めの中火で15分ほど蒸し煮にする。野菜から水分が出てきてしんなりとしたらビーツ、トマト、ベーコンを加えて蓋をし、さらに15分蒸し煮にする。

5 野菜がひたひたになるまで水を加え、沸騰したら味をみて塩で調える。

6 器に盛り、好みでディル、サワークリーム、水きりヨーグルトなどを添える。

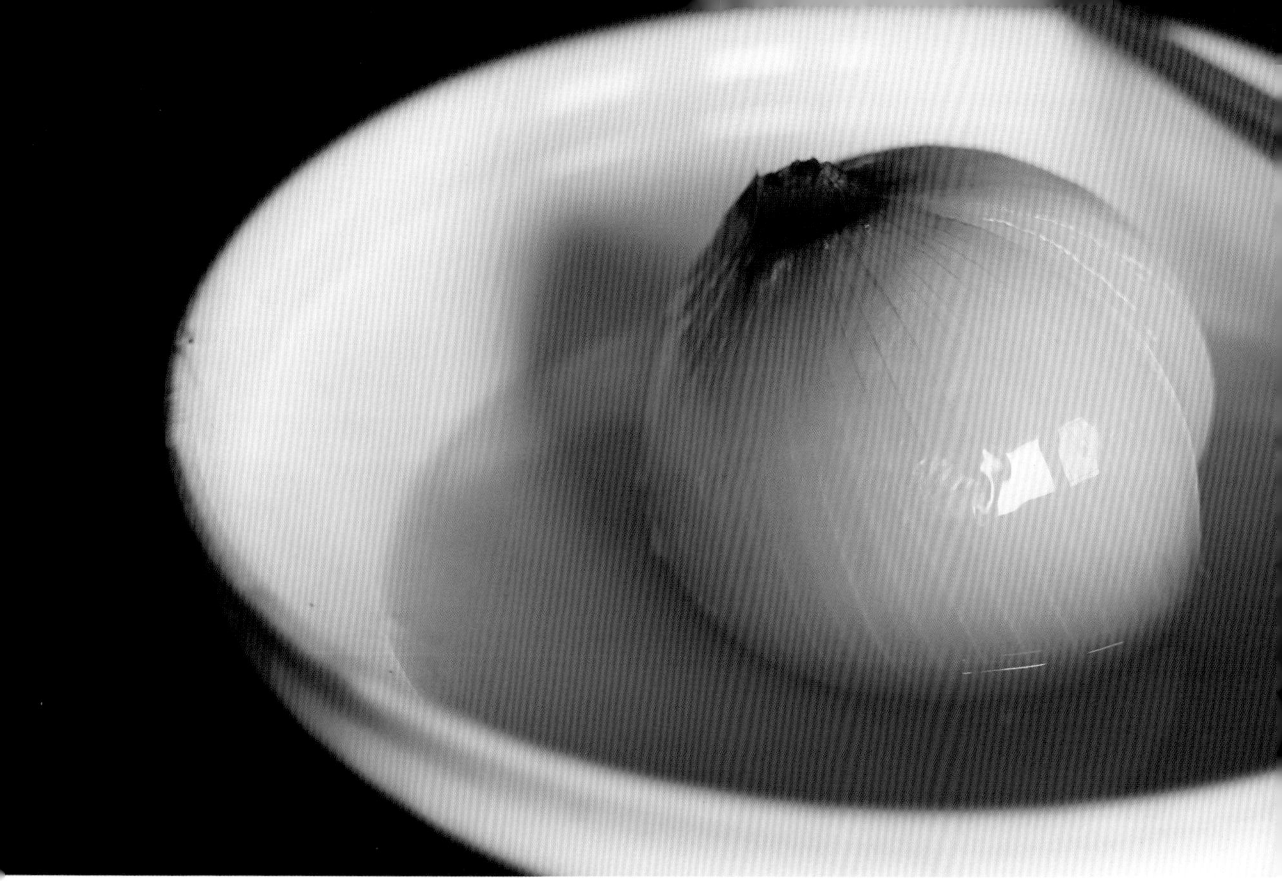

玉ねぎの丸ごとだし煮

やわらかなツヤツヤ玉ねぎ。丸ごとそのまま煮るコツは、頭と根元を少し残すこと。

材料（2、3人分）
玉ねぎ…3個
かつおだし*…3カップ
塩…適量
粗塩…適宜

*かつおだし（作りやすい分量）
容量2ℓの冷水ポットに水と削り節（粗削りでもよい）30gを入れて冷蔵庫へ。最短で2〜3時間、できればひと晩置く。削り節は入れたままにし、漉して使う。だしは2〜3日以内で使い切り、残った削り節は煮出して二番だしとして使う。鍋に削り節と水2ℓを入れて中火にかけ、煮立ったら火を止め、味噌汁やスープ、鍋などに活用する。

作り方
1 玉ねぎは形がくずれないように根元を薄く切り（a）、頭の部分も少し残しておく（b）。
2 玉ねぎ3個がぴったりと収まる程度の鍋に玉ねぎとだしを入れて中火にかける。
3 沸騰したら紙の落とし蓋をし、さらに蓋をして30分ほど煮る。
4 竹串を刺し、力を入れなくてもスッと通るまでやわらかく煮えたら、味をみて塩で調える。
5 器に盛り、好みで粗塩をふる。

a

b

かぶとツナの煮物

さっと作れる副菜です。
かぶはすぐにやわらかくなるので、様子をみながら煮ます。
ツナ缶はオイル煮でも、水煮でもお好みを。

材料（3、4人分）
かぶ…4個
ツナ缶…小1缶
みりん、薄口しょうゆ…各小さじ2

作り方

1 かぶは茎を1cmほど残して切る。茎の周りのかたい部分をむき（写真）、皮つきのまま縦半分に切る。

2 鍋にかぶとツナを缶汁ごと、水2カップを入れて中火にかける。

3 沸騰してきたらみりんとしょうゆを加え、落とし蓋をして20分ほど煮る。かぶがやわらかくなったら火を止め、鍋中でそのまま冷まして味を含める。

長ねぎとスペアリブの甘辛煮

主役はスペアリブだけど、
長ねぎも名脇役の料理です。
肉はそのままかぶりつき、
長ねぎは白いごはんにのせて。
脂を取っているので、
さっぱりといただけます。

材料（2、3人分）

豚スペアリブ…5〜6本（300g）
長ねぎ…3本
酒…1/3カップ
白ワインビネガー…大さじ2
しょうゆ…大さじ1と1/2
みりん、砂糖…各大さじ1

作り方

1 鍋にスペアリブを並べ、弱めの中火にかけて全体を焼きつける。

2 酒を入れ、水をひたひたになるまで加える。沸騰したらワインビネガーを加え、蓋をして40〜50分煮て、そのまま鍋中でひと晩置く。

3 2の水面にかたまった脂をスプーンで取り（写真）、7〜8㎝長さに切った長ねぎ、残りの調味料を加えて蓋をし、長ねぎがくったりとやわらかくなるまで蓋をして弱めの中火で20分ほど煮る。

ごぼうと豚肉の煮物

ごぼうは香りを楽しみたい。
栄養も含まれているので、
そのまま皮はむかずに
使ってほしい野菜です。
シャキシャキの
ごぼうもよいけれど、
やわらかく煮ると
優しい食感に変わります。
実は我が家の人気メニュー。
お弁当のおかずにも
ぴったりの一品です。

材料（3、4人分）

豚肩ロース肉または豚バラ肉（ブロック）…250g
ごぼう…大1本（250g）
酒…大さじ2
ナンプラー…小さじ2
塩…小さじ1/3

作り方

1　ごぼうは皮をタワシでよく洗い、2㎝幅に切って水に5分ほどさらす。
2　豚肉はひと口大に切り、塩をすり込む。
3　鍋に2を入れて弱めの中火にかけ、全体を焼きつける。
4　全体に焼き色がついたら、水気をきったごぼうを加えてひと炒めする。酒とひたひたの水を加え、沸騰したら蓋をして30分ほど煮る。
5　ごぼうがやわらかくなったらナンプラーを加える。10分ほど煮たら火を止め、そのまま鍋中で冷まして味を含める。

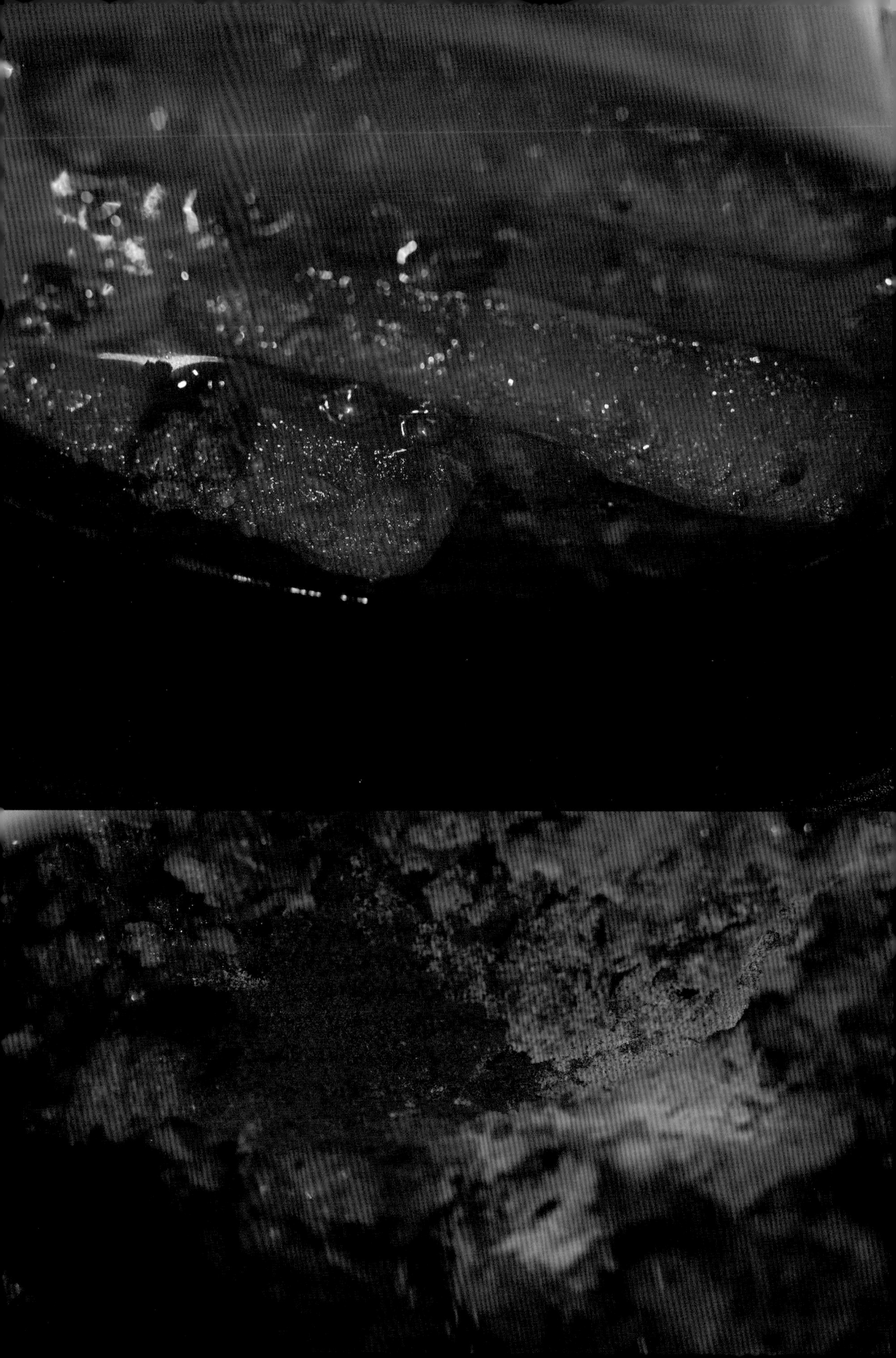

a

b

丸ごとにんじんカレー

カレーの主役はにんじん。
野菜は大きいほど、
その持ち味も味わえます。
にんじんの甘みと香りが
スープを優しくします。

材料（4、5人分）
豚バラ薄切り肉…180g
にんじん…大3本
玉ねぎ…2個
にんにく…ふたかけ
しょうが…ふたかけ
スパイス（ターメリック、クミンシード、
コリアンダー、パプリカ、
ホワジャオなど）…各小さじ1
しょうゆ…大さじ1
オリーブオイル…大さじ4
塩…適量

作り方

1 にんじんは皮ごとよく洗う。玉ねぎは粗みじん切り、にんにくとしょうがはみじん切りにする。

2 豚肉はひと口大に切り、塩ふたつまみを馴染ませる。

3 鍋にオイル、にんにく、しょうが、玉ねぎを入れて中火にかけ、飴色に香ばしくなるまで炒める（a）。蓋をして蒸し焼きにしては混ぜる、を繰り返すと玉ねぎの水分が抜けて少し早く色づく。途中、塩小さじ1を加える。

4 豚肉を加えて軽く炒め、スパイスを加えてさらに炒める（b）。

5 香りがぐっと出てきたら水3カップ、1のにんじんを加え、蓋をして弱めの中火で30～40分煮る。

6 にんじんに竹串を刺し、力を入れなくてもスッと通るまでやわらかく煮えたら味をみて、しょうゆで調える。

里芋の白煮

里芋にだしの旨みを
染み込ませ、
ヒビが入る程度まで
やわらかく、
シルキーな
歯触りに煮ます。
ゆずの香りを
効かせても。

材料（3、4人分）
里芋…6個
昆布だし（27ページ）
…3カップ
薄口しょうゆ…少々
塩…適量

作り方

1 里芋は皮をむいて塩適量をふって軽くもみ、水洗いする。または乾いた布で表面を強めにこすり、ぬめりを取る。

2 鍋に里芋とだしを入れ、中火にかける。沸騰したら紙の落とし蓋をし、弱めの中火にして20〜30分煮る。途中煮汁が少なくなったらその都度水を足す。蓋をするとふきこぼれやすいので、ここでは紙の落とし蓋にしているが、蓋をするときは注意する。

3 表面にヒビが入る程度までねっとりとやわらかく里芋に火が通ったら、塩小さじ1/2としょうゆを加える。さらに5分ほど煮たら火を止め、そのまま鍋中で冷まして味を含める。

さつまいもと鶏肉の甘辛煮

ホクッとくずれる
甘いさつまいもを
鶏肉と一緒に
甘辛く煮物にします。
さつまいもは
アクを抜くと、
色よく仕上がります。

材料（3、4人分）
鶏もも肉…1枚
さつまいも
…大1本（350g）
昆布だし（27ページ）
…2カップ
酒、しょうゆ…各大さじ2
砂糖…大さじ1

作り方

1 さつまいもは皮ごとよく洗ってひと口大の乱切りにし、水が白く濁るまで水にさらす（写真）。

2 鶏肉は水気をふいて余分な脂を取り、ひと口大に切る。

3 鍋にだし、1、2を入れ、中火にかける。沸騰したらアクを取り、酒と砂糖を加え、紙の落とし蓋をし、さらに蓋をして弱めの中火で20分ほど煮る。

4 さつまいもがやわらかくなったら蓋を取り、しょうゆを加える。中火にして煮汁が半分程度になるまで煮詰めるようにして味を含める。

かぼちゃと挽き肉、しょうがの煮物

かぼちゃによって
水分が異なり、
途中で足りなくなることも。
でも水は入れ過ぎず、
蒸し煮にすれば
ほろりとくずれる
仕上がりになります。

材料（3、4人分）
鶏挽き肉…120g
かぼちゃ…1/4個（450g）
しょうが…大ひとかけ
酒…大さじ2
みりん、薄口しょうゆ、
片栗粉…各小さじ2

作り方

1 かぼちゃは種とワタを取る。皮をところどころむいてひと口大に切り、面取りをする。しょうがはせん切りにする。

2 鍋に挽き肉、酒、水1/2カップを入れて中火にかける。挽き肉をほぐしながら火を通し、ポロポロにほぐれたら1、みりん、しょうゆを加える。落とし蓋、さらに蓋をして15分ほど煮る。

3 途中焦げつかないように様子をみて、汁気が少なくなっていたらその都度水を足す。煮上がったら火を止め、そのまま鍋中で冷ます。

4 味がしっかりと馴染んだら再度火にかけ、器にかぼちゃを盛る。

5 鍋中に残った汁に倍量の水で溶いた片栗粉を回し入れ、混ぜながらとろみをつけて4にかける。

かぼちゃとプルーン、豚肉の煮物

かぼちゃは洋風に仕上げても
おいしいひと皿に。
豚肉の塩気、
かぼちゃとプルーンの甘み、
ほのかなワインの
酸味が合います。

材料（4、5人分）

豚肩ロース肉（ブロック）…400g
かぼちゃ…1/4個（450g）
玉ねぎ…1/2個
にんにく…ひとかけ
ドライプルーン…80g
赤ワイン…1/2カップ
塩、粗挽き黒こしょう…各適量
オリーブオイル…大さじ1

作り方

1　かぼちゃは種とワタを取る。皮をところどころむき、大きめのひと口大に切る。玉ねぎは6等分のくし形切り、にんにくはつぶす。

2　豚肉はひと口大に切り、塩小さじ1弱とこしょう適量をすり込む。

3　鍋にオイルとにんにくを入れて弱めの中火にかけ、にんにくが香ばしくなったら豚肉を加えて焼きつける。全体に焼き色がついたら玉ねぎ、ワイン、水1カップ、プルーンを加えて蓋をし、30分ほど煮る。

4　かぼちゃを加え、煮汁が少ないようなら水1/2カップほどを足す。

5　蓋をしてかぼちゃがやわらかくなるまでさらに15分ほど煮て、塩で味を調える。

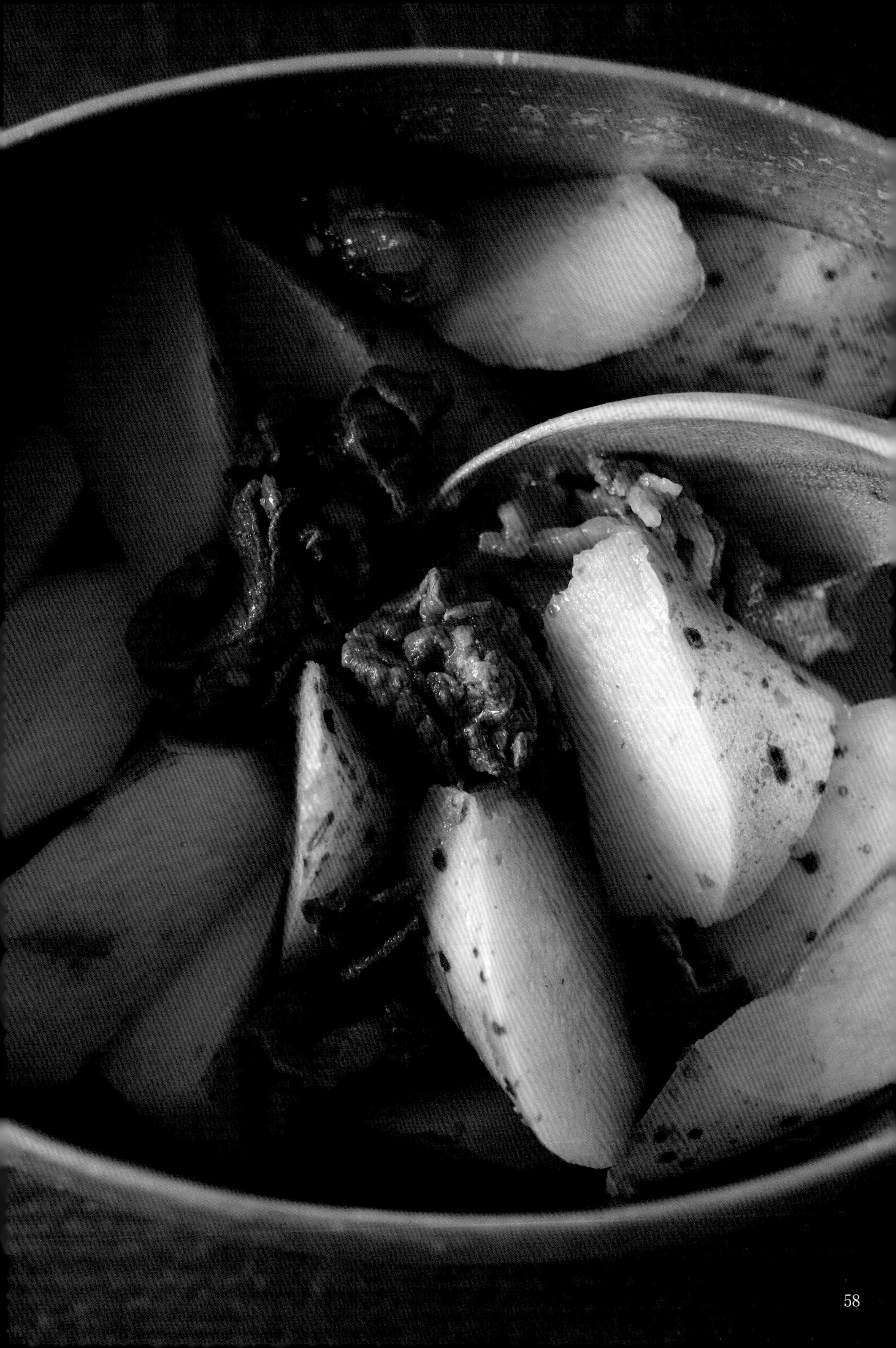

長芋と牛肉のしょうゆ煮

シャキシャキとした長芋も
じっくりと火を通せば、
ねっとりとやわらかい食感に。
煮くずれしないように
皮ごと大きめの乱切りに。

材料（4、5人分）
牛切り落とし肉…350g
長芋…600g
かつおだし（42ページ）…1と1/2カップ
砂糖…大さじ1
しょうゆ…大さじ2
牛脂（または油）…適量

作り方
1 長芋は皮ごとよく洗う。ガスの火に直接当ててひげ根を焼き切り（a）、皮つきのまま大きめの乱切りにする。
2 牛肉は食べやすい大きさに切る。
3 牛脂を鍋または深めのフライパンに入れる。弱火にかけて溶かし、脂が出てきたら長芋を加えて軽く炒める。
4 だしを加え、煮立ったら砂糖、しょうゆ、牛肉を広げるようにして加えてさっと混ぜ（b）、落とし蓋をしてさらに蓋をし、弱めの中火で20分ほど煮る。

a

b

長芋と挽き肉の塩麹煮

長芋のほっくりとした食感が、
くせになる一品。
挽き肉たっぷりの煮汁に
旨みを閉じ込めます。
味つけは塩麹。
味をみながら
加えていきます。

材料（4、5人分）
豚挽き肉…200g
長芋…500g
酒…大さじ2
塩麹…小さじ2

作り方

1 長芋は2.5㎝幅の輪切りにし、皮をむく。大きい場合は半月形に切る。

2 鍋に挽き肉、酒、水1カップを入れて混ぜながら中火にかける。挽き肉がポロポロにほぐれ、沸騰してきたらアクを取って長芋を加える。

3 再度沸騰したら塩麹を少し控えめに加え、落とし蓋をして弱めの中火で15～20分煮る。

4 長芋がホロホロにやわらかくなったら味をみて、残った塩麹で調える。

れんこんと豚肉の黒酢しょうゆ煮

野菜のおもしろいところは、
切り方によって
食感が変わってくるところ。
薄切りれんこんは
加熱時間も少なく、
シャキシャキとした中にも
ねっとりとした
やわらかさを味わえます。

材料（3、4人分）
豚バラ薄切り肉…200g
れんこん…300g
砂糖…大さじ1
黒酢、しょうゆ…各大さじ2

作り方

1 れんこんは皮をむき、スライサーまたは包丁でごく薄い輪切りにする。水に5分ほどさらし（a）、ザルに上げる。

2 豚肉はひと口大に切る。

3 鍋に豚肉を広げて中火にかける。豚肉の脂が出てきたら炒め、水気をきったれんこんを加えて炒め合わせる（b）。

4 全体に肉の脂が馴染んだら水1カップとすべての調味料を加え、落とし蓋をして15分ほど煮る。

5 れんこんに味が馴染んだら火を止め、そのまま鍋中で冷まして味を含める。

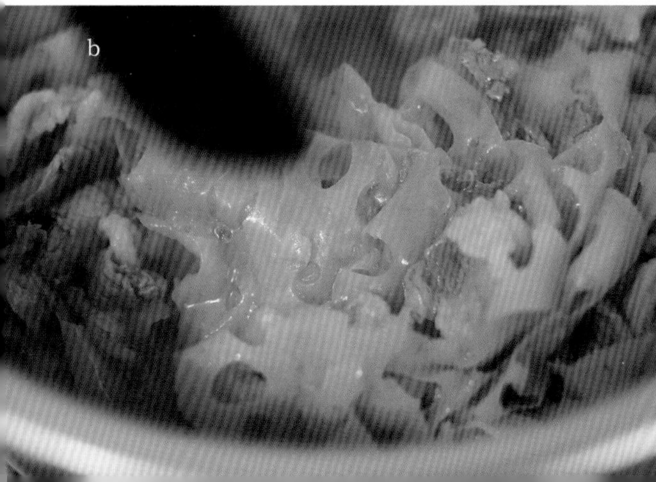
b

a

きのこのオイル煮

にんにくの香りを効かせて
クタクタのオイル煮に。
バゲットにのせたり、
パスタやオムレツの具材にと
アレンジが効きます。

材料（作りやすい分量）
しいたけ…4枚
エリンギ…2本
えのきだけ…小1パック
しめじ…1パック
にんにく…ひとかけ
オリーブオイル…1/2カップ
塩…小さじ1

作り方

1 きのこ類はあれば石づきを落とし、ほぐすか、食べやすい大きさの薄切りにする。にんにくはつぶす。

2 鍋ににんにくときのこ類を入れて塩とオイルを加える（写真）。蓋をして中火にかけて蒸し煮にする。

3 フツフツと音がしてきたら蓋を取ってひと混ぜし、もう一度蓋をして弱めの中火で15分ほど蒸し煮にする。

4 きのこに火が通ったら味をみて、塩（分量外）で調える。ひと晩置くとさらにしっとりと味が馴染む。

とろとろがゆ

おかゆは
好みの炊き加減で、
水の分量は
5～10倍程度に。
薄めの昆布だしや
チキンスープで炊いても。

材料（2、3人分）
米…1合
塩…ふたつまみ
梅干し…適宜

作り方

1 米は普段通りに研ぎ、ザルに上げて水気をきる。

2 少し大きめの鍋に米と米の6～8倍量の水を入れる。

3 蓋をして強火にかけ、沸騰してきたら弱火にして15分炊き、様子をみて水気が足りないようなら水を足す。

4 さらに15分炊いて軽くひと混ぜする。その後10分間隔で様子をみて、好みのとろみ加減になったら塩で味を加える。

5 器に盛り、好みで梅干しを添える。

茹で大豆

おいしい大豆が手に入ったら
たっぷりの水でぷっくりと戻し、
気長にコトコトと茹でていきます。
自分で煮る大豆は格別な味。
キッチンいっぱいに広がる、
その甘い香りも
寒い季節の安らぎです。

材料（作りやすい分量）
大豆…1袋（300g）

作り方

1 大豆はさっと洗って鍋に入れ、3倍程度の水を加えて1日置いて戻す（a）。

2 1をそのまま中火にかけ、沸騰してきたら火を弱め、白くてフワフワしたアクを取る（b）。

3 ふきこぼれない程度の火加減で、できれば蓋をして4時間ほど茹でる。途中茹で汁が少なくなったら、その都度水を足す。

4 ふっくらとやわらかく煮上がったら火を止め、そのまま鍋中で冷ます（c）。

＊大豆の茹で加減と保存方法
大豆は2時間ほど茹でると食べられるやわらかさにはなるが、さらに茹でるとねっとりとした食感になる。あともう少し頑張って舌でつぶせるまでやわらかく茹で上げると、炊き込みごはんにしても、煮物にしてもおいしい。茹で上がった大豆は使う分だけ豆と茹で汁を取り出し、残りは保存用袋に小分けにし、冷凍するとよい。
（保存期間）冷凍庫で2週間。

大豆と手羽先のこっくり煮

大豆の戻し汁と一緒に煮ることで旨みがつき、とろみも出ます。煮上がったら一度冷まして味を含めると、さらにおいしくなります。

材料（2、3人分）

茹で大豆…400g
茹で大豆の茹で汁…1/2カップ
鶏手羽先…6本
昆布…20g
酒、しょうゆ…各大さじ2
砂糖…大さじ1と1/2

作り方

1 昆布は250ml程度の水で戻し、ひと口大に切る。戻し汁は取っておく。
2 手羽先は骨の際に切り目を入れる。
3 鍋に2と昆布の戻し汁を入れて中火にかけ、沸騰したらアクを取る。
4 茹で大豆、茹で汁、酒、砂糖を加えて蓋をし、10分ほど煮る。
5 しょうゆと1の昆布を加え、さらに10分煮たら火を止め、そのまま鍋中で冷まして味を含める。

小豆の甘煮

小豆の甘煮は
寒い時季や
人が集まるときに
作りたくなります。
おいしく煮るには、
茹でこぼして渋を抜き、
じっくりと時間をかけて
煮ていくことです。

材料（作りやすい分量）
小豆…300g
きび砂糖…100g
塩…ふたつまみ
切り餅…適量
紫蘇の実（塩漬け）…適宜

作り方
1 小豆はさっと洗って鍋に入れ、かぶる程度の水を加えて中火にかける。
2 沸騰したらザルに上げ、もう一度かぶる程度の新しい水に替えて火にかける。この茹でこぼしを2～3回繰り返す（a）。
3 かぶる程度の新しい水に替え、ふきこぼれない程度の火加減で、できれば蓋をして1～2時間茹でる。途中茹で汁が少なくなったら、その都度水を足す。
4 砂糖を2～3回に分けて加えながら10分ほど煮る（b）。
5 ツヤが出て、好みの甘さになったら塩を加えて火を止め（c）、一度そのまま冷まして大豆に甘みを含める。
6 温め直し、やわらかく茹でた餅とともに椀によそい、好みで紫蘇の実を添える。

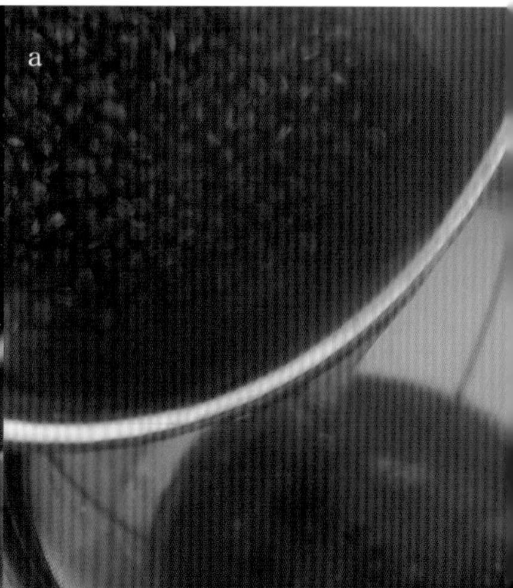
a

b

c

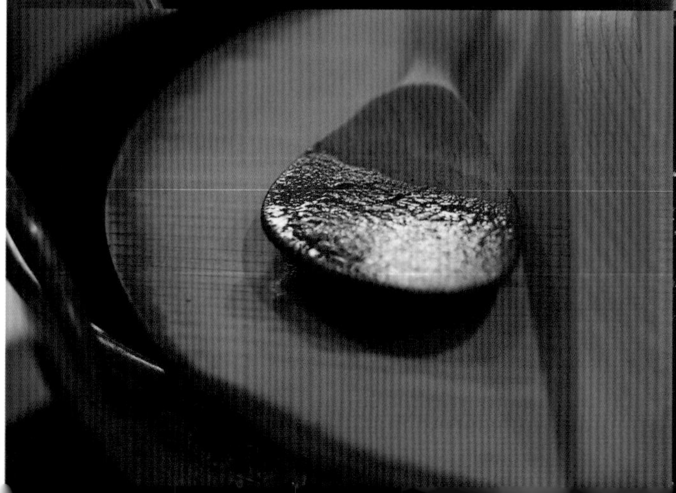

茹で金時豆

茹でた金時豆は、
煮物やサラダなどに
重宝する保存食。
甘く煮たいときは
小豆と同様に
煮汁を減らし、
砂糖を2～3回に分けて
好みの甘さにします。

材料（作りやすい分量）
金時豆…1袋（300g）

作り方

1　金時豆はさっと洗って鍋に入れ、3倍程度の水を加えて1日置いて戻す。

2　1をそのまま中火にかけ、沸騰してきたらアクを取る。

3　ふきこぼれない程度の火加減で、できれば蓋をして1～2時間茹でる。途中茹で汁が少なくなったら、その都度水を足す。

4　豆がやわらかくなり始めたら火を弱める。豆の皮が破れる程度まで茹でたら火を止め、そのまま鍋中で冷ます。

（保存期間）保存用袋に小分けにし、冷凍庫で2週間。

チリコンカン

金時豆のチリコンカン。
ごはんと合わせても、
パンと合わせても、
クラッカーにのせても。
トマトがなければ、
トマトペーストや
トマト缶で代用できます。

材料（4、5人分）
茹で金時豆…300g
金時豆の茹で汁…1カップ
牛挽き肉…200g
玉ねぎ…1個
トマト…2個
にんにく…ふたかけ
ターメリック、チリペッパー…各小さじ1
ナツメグ…小さじ1/2
しょうゆ…大さじ1
塩…小さじ1
オリーブオイル…大さじ2

作り方

1 玉ねぎはさいの目に切り、トマトはざく切りにする。にんにくはみじん切りにする。

2 鍋にオイルとにんにくを入れて弱火にかける。にんにくが香ばしくなってきたらスパイス類、挽き肉、玉ねぎの順に加えながら炒め合わせ、塩を加える。

3 茹で金時豆、茹で汁、トマトを加え、蓋をして20分ほど煮る。

4 トマトが煮くずれて全体にやわらかく煮えたら、しょうゆで味を調える。

茹でひよこ豆

ひよこのような形をした
淡い黄色のひよこ豆。
ホクホクとした食感が特徴で
煮込みやスープ、
オムレツの具材に。
ペーストにして
焼いた肉に添えても。

材料（作りやすい分量）
ひよこ豆…1袋（200g）

作り方
1　ひよこ豆はさっと洗って鍋に入れ、3倍程度の水を加えてひと晩置いて戻す。
2　1をそのまま中火にかけ、沸騰してきたらアクを取る。
3　ふきこぼれない程度の火加減で、できれば蓋をして1時間ほど茹でる。途中茹で汁が少なくなったらその都度水を足す。
4　ほっくりとやわらかく茹で上がったら火を止め、そのまま鍋中で冷ます。

（保存期間）保存用袋に小分けにし、冷凍庫で2週間。

ひよこ豆のカレー

ごはんがなくてもおいしい、ひよこ豆たっぷりのカレー。豆の煮込みのように汁気を少なくして作ります。挽き肉を使えば、さらに手軽。仕上げのバターと生クリームでコクをプラスします。

材料（4、5人分）
茹でひよこ豆…500g
ひよこ豆の茹で汁…1カップ
鶏もも肉…2枚
玉ねぎ…2個
にんにく…ふたかけ
しょうが…ふたかけ
カレー粉…大さじ2
ガラムマサラ…小さじ1
バター…20g
生クリーム…1/4カップ
しょうゆ…大さじ1
塩…小さじ1
オリーブオイル…大さじ3

作り方
1 玉ねぎ1個はみじん切り、もう1個は2cm角に切る。にんにくとしょうがはみじん切りにする。
2 鶏肉は水気をふいて余分な脂を取る。2cm角に切り、塩をふる。
3 鍋にオイル、にんにく、しょうがを入れて弱火にかける。こんがりとしてきたら玉ねぎのみじん切りを加え、飴色に香ばしくなるまで炒める。蓋をして蒸し焼きにしては混ぜる、を繰り返すと玉ねぎの水分が抜けて少し早く色づく。
4 鶏肉、残りの玉ねぎを加えて炒め合わせ、カレー粉とガラムマサラを加えて香りが出るまで炒める。
5 茹でひよこ豆と茹で汁を加えて蓋をし、弱めの中火で20分ほど煮る。全体がしっとりとやわらかく煮えたらバター、生クリーム、しょうゆを加えてひと煮立ちさせる。

春を感じたら

寒さが続いた日々から
少し春の気配を感じると、
からだもこころも軽くなります。
日差し、花、そして野菜。
春の感じ方は人それぞれ。
私は走りの野菜を見つけると、
ワクワクしてきます。
春にしか食べられない野菜は
香りも味もほかの季節にはない
魅力があると思います。

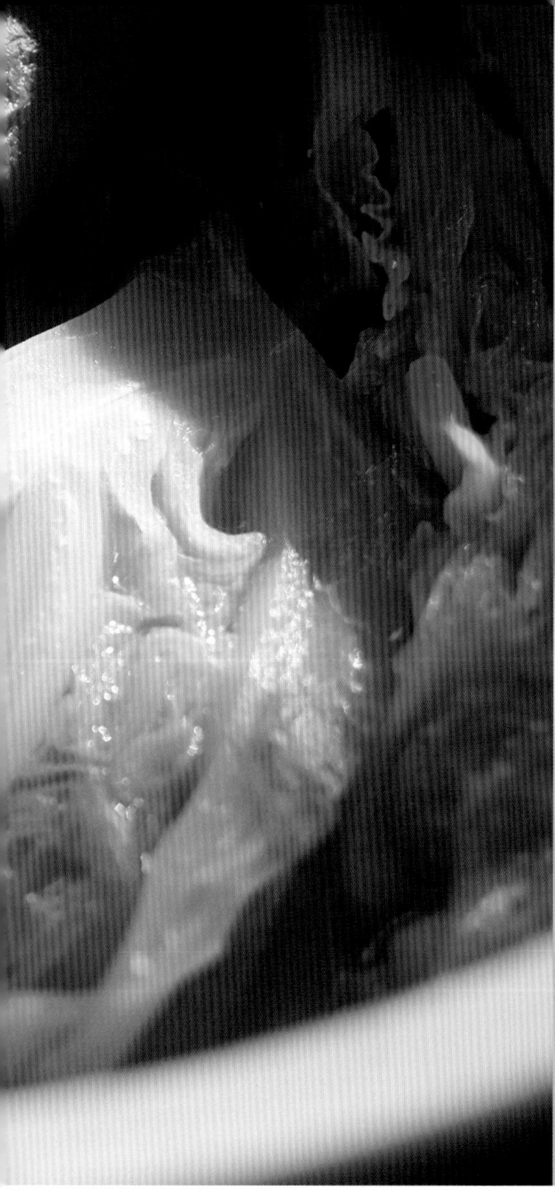

春野菜とあさりだしのポトフ

春が旬の野菜とあさりを、
ゆっくりとやわらかく煮るポトフ。
新じゃがいも、新にんじん、
春キャベツは甘さも格別です。
残ったあさりの身は
佃煮などにしても。

材料（2、3人分）
あさり…400g
新じゃがいも…2個
新にんじん…小2本
春キャベツ…1/4個
にんにく…大ひとかけ
オリーブオイル…大さじ3
塩…適量
粒マスタード…適宜

作り方

1 あさりは3%程度の塩水で砂抜きし、殻と殻をこすり合わせるようにしてよく洗う。

2 じゃがいもとにんじんはよく洗い、皮をむかないでおく。じゃがいもは半分に切る。キャベツは半分のくし形切りにする。にんにくはつぶす。

3 鍋にあさりと水5カップを入れ、蓋をして中火にかける。沸騰してきたら弱めの中火にして7~8分煮る。あさりの口が開いたら火を止め、そのまま鍋中で冷ます。

4 あさりのだしと身を分け、だしはペーパータオルで濾しておく。

5 鍋にオイルとにんにくを入れ、弱火にかける。にんにくが香ばしくなってきたら火を止め、オイルを落ち着かせてからにんじんとキャベツ、4のだしを加え、中火にかける。沸いたら弱めの中火にし、30分ほどしたらじゃがいもを加えてさらに15分煮る。

6 じゃがいもがやわらかくなったらスープの味をみて塩で調え、そのまま鍋中で冷ます。

7 食べるときに温め直し、好みで粒マスタードを添える。

菜の花のオイル煮

少しほろ苦い菜の花を
たっぷりの油でオイル煮に。
くったりと甘くなり、
パスタに絡めたり、
バゲットにのせても美味。

材料（作りやすい分量）
菜の花…2束
にんにく…ひとかけ
塩…小さじ1/4
オリーブオイル…大さじ3

作り方

1 菜の花は冷水にひたし、葉をパリッとさせてから葉と花、茎に分ける。
2 葉と花はざく切り、茎は斜め薄切りにする。にんにくはつぶす。
3 鍋にオイルと2を入れ、蓋をして中火にかける。フツフツとしてきたら軽く混ぜ、また蓋をして5分ほど蒸し煮にする。
4 菜の花にくったりととろみがつくまで30分ほど軽く混ぜては蓋をする、を繰り返して塩で味を調える。

グリンピースとそら豆のバター煮

そら豆とグリンピース。
春にしか味わえない香りを
バターでまとめます。
豆はやわらかくなるまで
気長に火を入れていくと
ホロホロにやわらかく、
おいしく火が通ります。

材料（4、5人分）
グリンピース…100g（正味）
そら豆…250g（正味）
バター…40g
白ワイン…1/2カップ
塩…ひとつまみ
粗挽き黒こしょう…適量

作り方

1 グリンピースとそら豆はさやから豆を取り出す。

2 鍋に1とバター30gを入れて弱めの中火にかけ、軽く炒める。

3 全体にバターがよく馴染んだらワインを加える。少し煮詰めてから水1と1/2カップを加えて蓋をし、20分ほど蒸し煮にする。豆がかための場合は、水を適宜加えながらやわらかくなるまで蒸し煮にする。

4 豆がやわらかくなったら塩で調え、仕上げに残りのバターを加えて絡め、こしょうをふる。

じゃがいも入りチゲ風煮込み

新じゃがいもは
皮をむかずにそのまま。
春が旬のにらはやわらかく、
すぐに火が通るので
仕上げにさっとのせ、
ひと煮するだけ。
これから暑くなる時季に
スタミナがつく煮込みです。

材料（2、3人分）

鶏手羽先…6本
新じゃがいも…3個
にら…1/3束
しょうが…ひとかけ
キムチ…250g
昆布だし（27ページ）
…2と1/2カップ
しょうゆ、ナンプラー
…各小さじ1
味噌…大さじ1
ごま油…大さじ2

作り方

1 じゃがいもはよく洗って皮ごとひと口大に切る。にらは5cm幅、しょうがはみじん切り、キムチはひと口大に切る。
2 手羽先は骨の際に切り目を入れる。
3 鍋に油と2を入れて中火にかけ、軽く炒める。じゃがいも、しょうが、キムチを順に加えながら炒め合わせ、全体に油が馴染んだらだしを加える。
4 沸騰したらしょうゆとナンプラーを加え、落とし蓋、さらに蓋をして弱めの中火で20分ほど煮る。
5 じゃがいもに竹串を刺し、力を入れなくてもスッと通るまでやわらかく煮えたら味噌を溶き入れ、にらを加えてひと煮する。

さやいんげんのくたくた煮

露地もののさやいんげんを見かけると、夏が来たのだなと実感します。そうなったらぜいたくにたっぷりと煮物に。しょうゆを含めながらくったりと煮ます。

材料（作りやすい分量）
さやいんげん…300g
しょうゆ…大さじ1
削り節…2g

作り方
1 さやいんげんはヘタを落とす。
2 鍋に1、水1カップ、しょうゆを入れ、蓋をして弱めの中火でときどき鍋をゆすりながら15〜20分蒸し煮にする。
3 様子をみて、煮汁が少なくなってくったりと煮えてきたら削り節を加える。和えるように軽く混ぜ、火を止める。

b

a

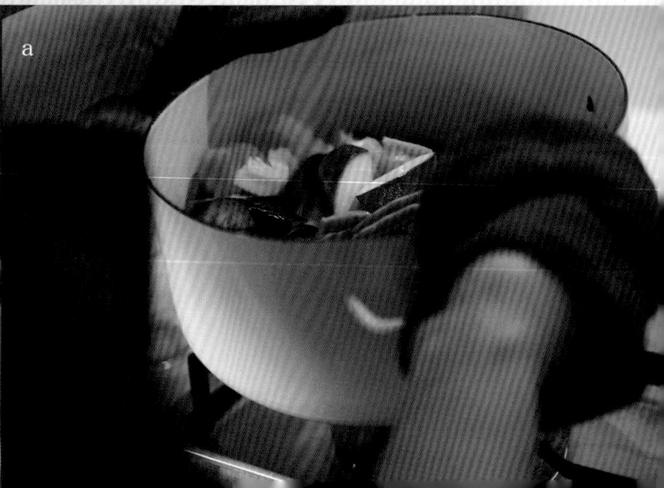

夏野菜のラタトゥイユ

いろいろな夏野菜を
ミックスして食べられる
トマトたっぷりのラタトゥイユ。
作り立てを食べても、
冷やして常備菜にしても。
夏を乗り切る栄養満点のひと皿です。

材料（4、5人分）
- なす…5本
- ズッキーニ…2本
- オクラ…8本
- さやいんげん…15本
- トマト（完熟）…4個
- パプリカ（黄、オレンジ）…各1個
- にんにく…大ひとかけ
- 塩…小さじ1/2
- しょうゆ…小さじ1
- オリーブオイル…大さじ4

作り方

1 なすとズッキーニは大きめの乱切りにする。オクラはヘタを短く落とし、ガクの角の部分を薄くむく。さやいんげんはヘタを落とし、トマトはざく切りにする。パプリカはヘタと種を取り、ひと口大に切る。にんにくはみじん切りにする。

2 鍋にオイルとにんにくを入れて弱火にかける。にんにくが香ばしくなってきたらトマト以外の野菜を加え、鍋をゆすって全体にオイルを馴染ませる（a）。

3 トマトを上にのせて塩をふり（b）、蓋をして中火で30分蒸し煮にする。途中二度ほど様子をみて、水分が出てこないようなら呼び水として水1/2カップほどを加える。

4 野菜の水分がしっかりと出て、くったりと煮えたら蓋を取り、その汁を煮詰めるように強めの中火で10分ほど煮る。

5 味をみてしょうゆ、塩（分量外）で調える。

夏野菜のオイル煮

季節の野菜をオイル煮にして
ストックしておくと便利です。
そのまま食べるほか、
トーストにのせたり、
ステーキや魚のグリルの
ソース代わりに
添えたりしても。

なす

材料（作りやすい分量）
なす…5本
にんにく…ひとかけ
アンチョビフィレ…8枚
オリーブオイル…1/4カップ
塩…適量

作り方

1 なすは皮をむいてさいの目に切り、水に5分ほどさらす。にんにくはみじん切りにする。

2 鍋にオイルとにんにくを入れて弱火にかける。香ばしくなってきたら水気をふいたなすを加えてひと炒めする。全体にオイルがよく馴染んだら蓋をし、弱めの中火にして20分ほど蒸し煮にする。

3 なすがくったりとやわらかくなったら刻んだアンチョビを加え、味をみて塩で調える。

カラーピーマン

材料（作りやすい分量）
カラーピーマン（黄、赤、オレンジ）…各2個
油…1/4カップ
塩…小さじ1/3
しょうゆ…少々

作り方

1 ピーマンはヘタと種を取り、細切りにする。

2 鍋に油と1を入れ、中火にかける。軽く炒め、全体に油がよく馴染んだら塩をふって蓋をし、弱めの中火で15分ほど蒸し煮にする。

3 ピーマンがくったりとやわらかくなったら味をみて、しょうゆで調える。

ズッキーニ

材料（作りやすい分量）
ズッキーニ…2本
しょうが…ひとかけ
オリーブオイル（または植物油）…1/4カップ
塩…小さじ1/2

作り方

1 ズッキーニはごく薄い輪切りにする。しょうがはせん切りにする。

2 鍋にオイルと1を入れ、中火にかける。軽く炒め合わせ、全体にオイルがよく馴染んだら塩をふって蓋をし、弱めの中火で20分ほど蒸し煮にする。

3 全体にくったりとやわらかくなったら味をみて、塩（分量外）で調える。

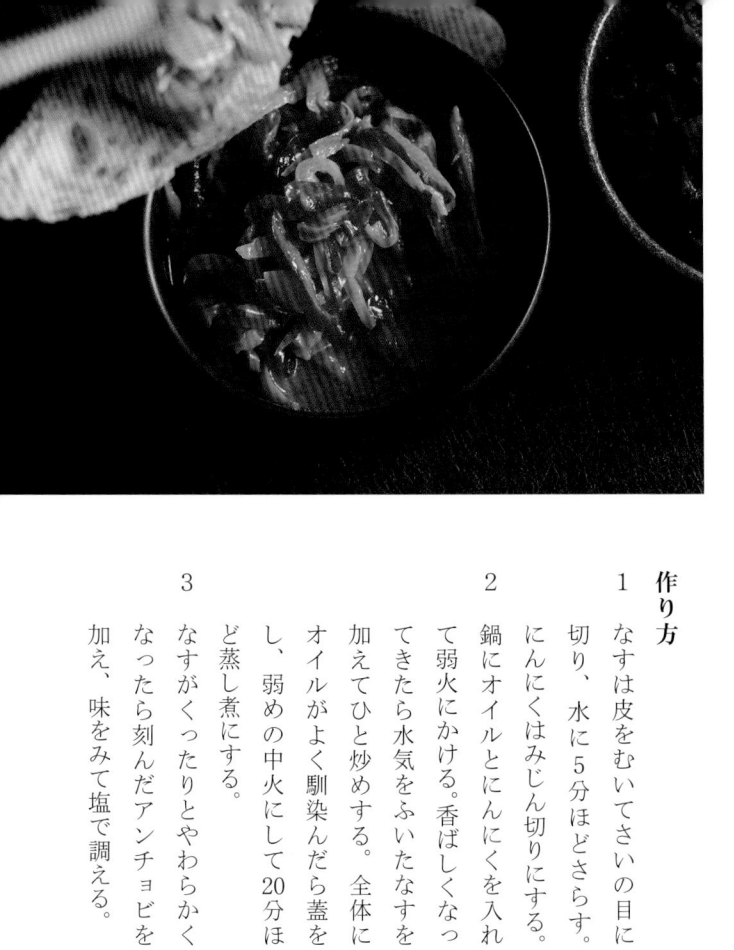

パプリカのバルサミコ酢煮

くたっとなるほど煮ると、
甘くなるパプリカ。
ベーコンの旨みと塩気、
バルサミコ酢の酸味で
さっぱりと仕上げます。
主菜として楽しめる一品です。

材料（4、5人分）

ベーコン（ブロック）…100g
パプリカ（黄、オレンジ）…各2個
玉ねぎ…1個
オリーブオイル、
　バルサミコ酢…各大さじ2
塩…適量
イタリアンパセリ…適宜

作り方

1 パプリカはヘタと種を取り、食べやすい大きさに切る。玉ねぎは8等分のくし形切りにする。
2 ベーコンは2cm角程度の棒状に切る。
3 鍋に1と2を入れ、上からオイルを回しかけて蓋をし、弱めの中火にかける。ときどき鍋をゆすって30〜40分蒸し煮にする。
4 パプリカがくったりとしてきたらバルサミコ酢を加えてひと混ぜし、蓋を取ってさらに5分ほど煮て、味をみて塩で調える。
5 器に盛り、好みで粗く刻んだイタリアンパセリをふる。

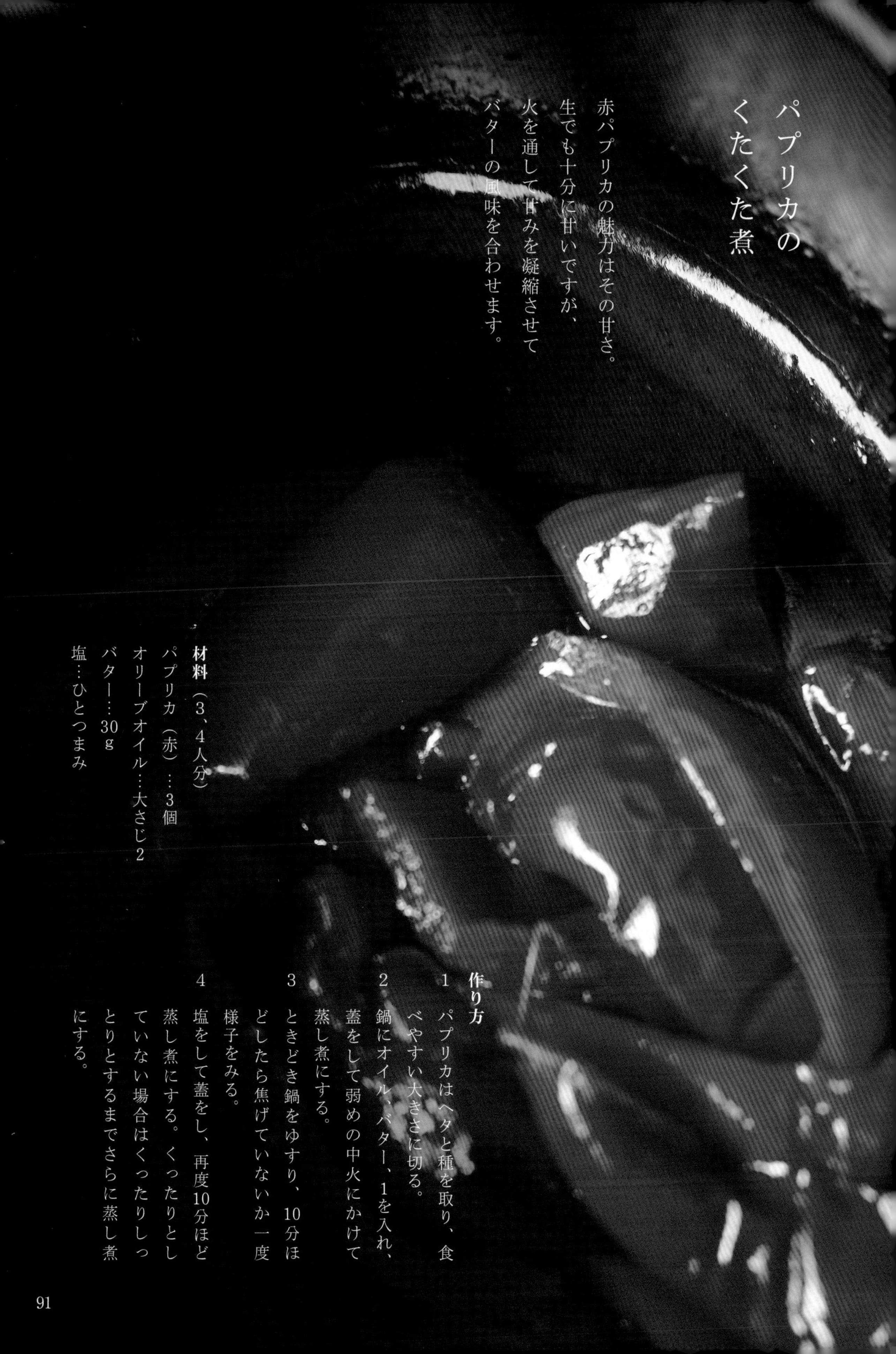

パプリカのくたくた煮

赤パプリカの魅力はその甘さ。
生でも十分に甘いですが、
火を通して甘みを凝縮させて
バターの風味を合わせます。

材料（3、4人分）
パプリカ（赤）…3個
オリーブオイル…大さじ2
バター…30g
塩…ひとつまみ

作り方

1 パプリカはヘタと種を取り、食べやすい大きさに切る。

2 鍋にオイル、バター、1を入れ、蓋をして弱めの中火にかけて蒸し煮にする。

3 ときどき鍋をゆすり、10分ほどしたら焦げていないか一度様子をみる。

4 塩をして蓋をし、再度10分ほど蒸し煮にする。くったりとしていない場合はくったりしっとりとするまでさらに蒸し煮にする。

ミニトマト煮

トマトよりも甘くて旨みたっぷり。
瑞々しいミニトマトが
手に入ったら作る、
夏の定番保存食です。
水は入れずにトマトの水分のみ。
パスタと絡めるだけでも絶品。

材料（作りやすい分量・
　でき上がり目安約500ml）
ミニトマト…1kg
塩…小さじ1/2

作り方

1　ミニトマトはヘタを取って鍋に入れ、蓋をして中火にかける。
2　フツフツとしてきたら弱めの中火にし、20分ほど蒸し煮にする。
3　トマトがひたひたになるまでトマトから水分が出たら（写真）、蓋を取って2/3量程度になるまで煮詰める。塩を加え、そのまま鍋中で冷ます。すぐに使わない場合は清潔な保存容器に移す。

（保存期間）冷蔵庫で2週間保存可能。

豚肉のトマトソース煮

ジューシーな豚肉は
トマト煮の甘みと酸味を和らげ、
ソースは豚肉の旨みを含んで
さらにおいしくなっていきます。

材料（2人分）

豚ステーキ用ロース肉
（厚めのもの）…2枚（360g）
玉ねぎ…1/2個
にんにく…大ひとかけ
ミニトマト煮（93ページ）…1と3/4カップ
白ワイン…1/4カップ
塩…小さじ1/2
小麦粉…大さじ1
しょうゆ…少々
オリーブオイル…大さじ3
イタリアンパセリ…適宜

a

b

作り方

1 玉ねぎとにんにくはみじん切りにする。
2 豚肉は筋切りし、塩をすり込んで小麦粉をまぶす。
3 鍋にオイルとにんにくを入れて弱めの中火にかける。にんにくがこんがりとしてきたら玉ねぎを加えて炒め合わせる。
4 玉ねぎとにんにくを鍋の端に寄せ、空いたところに豚肉を加えて両面を焼く（a）。
5 ワインを加えて煮詰め、ミニトマト煮を加える（b）。とろみがついてきたら味をみて、ほんの少しのしょうゆと塩（分量外）で調える。
6 器に盛り、好みで粗く刻んだイタリアンパセリをのせる。

トマトソースの染み込みバゲット

かたくなったバゲットは
トマト煮の汁気を
染み込ませながら
温めるだけで
おいしいひと皿に
変身します。
おつまみにも最適。
チーズをふっても美味。

材料（2人分）
ミニトマト煮（93ページ）
…1カップ
バゲット…10㎝程度
塩、オリーブオイル…各適量

作り方

1 バゲットは手でちぎれるようならひと口大くらいにちぎる。または包丁で切る。

2 鍋に1とミニトマト煮を入れ（写真）、弱めの中火にかけてバゲットにソースを吸わせるように炒め煮にする。

3 味をみて塩で調え、オイルをひと回しかける。

白いんげん豆のトマト煮

水煮の豆は塩味がしっかりついているので、まずは味見をしてそれによって豆の缶汁、塩は加減します。ミニトマト煮（93ページ）や自分で茹でた豆を使っても。ごはんにもよく合います。

材料（3、4人分）
ソーセージ…3本
白いんげん豆（水煮缶）…300g
ホールトマト缶…1缶
玉ねぎ…1/2個
にんにく…ひとかけ
オリーブオイル…大さじ2
塩…適量

作り方

1 玉ねぎは粗みじん切り、にんにくはつぶす。
2 白いんげん豆は豆と缶汁に分け、汁は取っておく。トマトは缶汁ごと手でよくつぶす。
3 ソーセージは1.5cm幅に切る。
4 鍋にオイルとにんにくを入れて弱火にかける。にんにくがこんがりとしたら取り出し、玉ねぎを入れて炒める。玉ねぎが透き通ってきたら白いんげん豆、トマトを加え、蓋をして弱めの中火で15分ほど煮る。
5 味をみて豆の缶汁大さじ1〜2とソーセージを加え、蓋を取ってとろみがつくまで中火で7〜8分煮詰める。味をみて塩で調える。

肉巻きピーマンのくたくた焼き

丸ごと焼いたピーマンは、
こってりと甘辛い
味つけにすると
いくつでも食べられます。
香ばしい風味を
豚肉につけながら、
ピーマンが
やわらかくなるまで
火を入れます。
豚肉は縮むので、
たっぷりと巻くのがコツ。

材料（3、4人分）
豚バラ薄切り肉…8〜16枚
ピーマン…8個
酒…大さじ2
砂糖、しょうゆ…各大さじ1
塩、粗挽き黒こしょう…各適量

作り方

1 ピーマンはヘタの先が黒くなっていたら薄く切り、丸ごと手でつぶす。

2 豚肉は軽く塩とこしょうをふり、ピーマンに1枚ずつきつく巻きつける（a）。肉が短い場合は2枚巻く。

3 フライパンに2の巻き終わりを下にして並べ、中火にかける（バラ肉なので油を入れないでよい）。焼けてきたら少しずつ返し、全体に焼き色をつける（b）。

4 酒を加え、蓋をして10分ほど蒸し焼きにする。ピーマンがくったりとしたら砂糖としょうゆを加え、よく絡める。

b

a

きゅうりと新しょうがの山椒煮

煮汁を含ませたきゅうりは、
冬瓜のような優しい味に。
新しょうがと山椒が香るだしが
夏の暑さに疲れたからだに染み渡ります。
残ったきゅうりの皮はヨーグルトと和えても。

材料（3、4人分）
きゅうり…3本
新しょうが…40g
山椒の塩漬け（またはしょうゆ漬け、市販の佃煮でも）…大さじ1
昆布だし（27ページ）…1カップ
薄口しょうゆ…適量

作り方
1 きゅうりは皮をむき、3〜4等分の長さに切る。新しょうがは薄い輪切りにする。
2 鍋に1、山椒、だしを入れ（写真）、中火にかける。沸騰したら弱めの中火にし、落とし蓋、さらに蓋をして15分ほど煮て、そのまま鍋中で冷まして味を馴染ませる。
3 味をみてしょうゆで調える。

夏野菜のお酢煮

旬の夏野菜と豚肉を合わせ、さっぱりとお酢煮にします。食欲のないときでも食べやすく作り置きにも向くひと皿。豚肉にまぶした小麦粉でほどよくとろみもつくのでごはんにもよく合います。

材料（4、5人分）

豚とんかつ用ロース肉…2枚（250g）
ズッキーニ…1本
ピーマン…3個
ししとうがらし…15本
オクラ…15本
きゅうり…3本
セロリ…1/2本
玉ねぎ…1/2個
にんにく…ひとかけ
白ワイン…1/2カップ
酢…大さじ2
小麦粉…大さじ1
オリーブオイル…大さじ3
塩、粗挽き黒こしょう…各適量

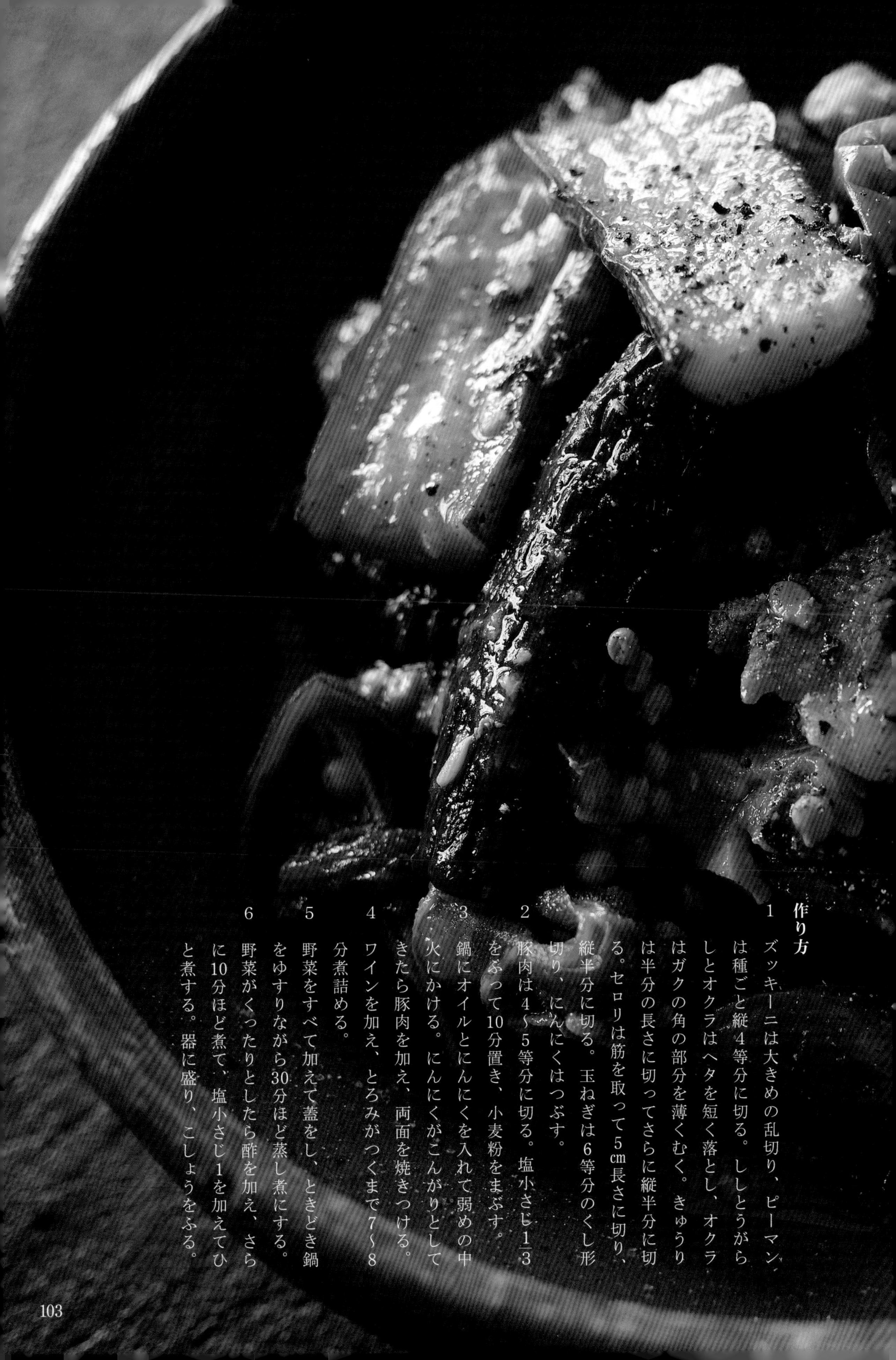

作り方

1 ズッキーニは大きめの乱切り、ピーマンは種ごと縦4等分に切る。ししとうがらしとオクラはヘタを短く落とし、オクラはガクの角の部分を薄くむく。きゅうりは半分の長さに切ってさらに縦半分に切る。セロリは筋を取って5㎝長さに切り、縦半分に切る。玉ねぎは6等分のくし形切り、にんにくはつぶす。

2 豚肉は4〜5等分に切る。塩小さじ1/3をふって10分置き、小麦粉をまぶす。

3 鍋にオイルとにんにくを入れて弱めの中火にかける。にんにくがこんがりとしてきたら豚肉を加え、両面を焼きつける。

4 ワインを加え、とろみがつくまで7〜8分煮詰める。

5 野菜をすべて加えて蓋をし、ときどき鍋をゆすりながら30分ほど蒸し煮にする。

6 野菜がくったりとしたら酢を加え、さらに10分ほど煮て、塩小さじ1を加えてひと煮する。器に盛り、こしょうをふる。

冬瓜の葛煮

だしを含めながら、
透明になるまでに煮て、
翡翠色に仕上げる葛煮。
冷やして食べてもおいしく、
食欲のない日にも
食べられる優しい味です。

材料（3、4人分）
冬瓜…1/8個
昆布だし（27ページ）*…3カップ
薄口しょうゆ…小さじ1
塩…小さじ1/3
葛粉（または片栗粉）…大さじ2

＊かつおだし（42ページ）を使っても。または昆布だしとかつおだしを半量ずつ合わせてもよい。

作り方

1 冬瓜は種とワタを取って皮を薄くむき、4〜5㎝角に切る。

2 鍋に1とだしを入れて中火にかける。沸騰してきたら弱めの中火にして紙の落とし蓋をし、さらに蓋をして30分ほど煮る。

3 味をみて、しょうゆと塩を加える。5分ほど煮たらそのまま1時間ほど鍋中で冷ます。

4 味をしっかりと含めたら再度温め、倍量の水で溶いた葛粉を回し入れ、混ぜながらとろみをつける。

冬瓜と卵のスープ

トロトロにやわらかく
火が通った
冬瓜入りの中華スープ。
スープストックは使わず、
旨みと塩気は
カニ缶とナンプラー。
夏疲れのからだを
労ってくれます。

材料（3、4人分）
冬瓜…1/8個
卵…2個
カニ缶…1/2缶
ナンプラー、塩…各少々
片栗粉…大さじ1
ごま油…少々

作り方

1 冬瓜は種とワタを取って皮を薄くむき、2cm角程度に切る。

2 鍋に1と水4カップを入れ、中火にかける。沸騰してきたら蓋をして弱めの中火にして15分ほど煮る。

3 冬瓜がやわらかくなったらカニを缶汁ごと加え、さらに5分ほど煮る。

4 ナンプラーと塩で味を調え、倍量の水で溶いた片栗粉を回し入れ、混ぜながらとろみをつける。

5 ボウルに卵を割りほぐし、塩ひとつまみ（分量外）を加えて混ぜる。4に流し入れて火を通し、油を垂らす。

なすの田舎煮

色よく煮えたなすはひと口かじれば、だしがジュワーッと染み出ます。

材料（4、5人分）

なす…5本

かつお昆布だし*…1と1/2カップ

砂糖…大さじ1と1/2

しょうゆ…大さじ2と1/2

ごま油…大さじ3

*昆布だし（27ページ）とかつおだし（42ページ）を半量ずつ合わせる。

作り方

1 なすはヘタをむいて縦半分に切る。皮目に斜めの切り目を入れ、水に5分さらす。

2 鍋に油と水気をふいたなすを入れて中火にかける。鍋をゆすり、なす全体に油が馴染んだらだしを加える。

3 沸騰したら砂糖としょうゆを加える。再度沸騰したら落とし蓋、さらに蓋をして15分ほど煮て、そのまま鍋中で冷まして味を含める。

なすの梅煮

味を含めながら煮る
優しい味わいの梅煮です。
作り置いて
しっかりと冷やすと、
旨みがなすに
グングンと染み込みます。

材料（3、4人分）
なす…5本
梅干し（塩分15%のもの）
…大1個
昆布だし（27ページ）*
…2カップ
みりん…大さじ1
薄口しょうゆ…大さじ1/2

*かつおだし（42ページ）を使っても。または昆布だしとかつおだしを半量ずつ合わせてもよい。

作り方

1 なすはガクの部分をくるりと切り取る。残ったヘタはそのままにして皮をむき、水に5分ほどさらす。

2 鍋になすを入れ、だしとつぶした梅干しを種ごと加える（写真）。

3 中火にかけ、沸騰してきたらみりんとしょうゆを加える。落とし蓋、さらに蓋をして弱めの中火で20分ほど煮て、そのまま鍋中で冷まして味を含める。

〝おまけレシピ〟

なすのきんぴら

なすの皮は栄養満点。
せん切りにして
甘辛くきんぴらに。
なすをたくさん食べる、
夏ならではの楽しみです。

材料（作りやすい分量）
なすの皮…5本分（約110g）
砂糖、酒、しょうゆ、ごま油…各大さじ1

作り方

1 料理で使わなかったなすの皮は、せん切りにする（a）。

2 鍋に油と1を入れ、しんなりとするまで炒める（b）。

3 すべての調味料を加え、汁気がなくなるまで炒める。

a

b

もち麦入りミネストローネ

使わない野菜の部位は、
おいしいスープストックになります。
夏は冷蔵庫で、冬は風に当てて
ある程度まとまったらコトコトと煮ていきます。
スープストックは刻んだ野菜と一緒に
具だくさんのミネストローネに。
好みで茹で大豆（68ページ）を加えても。

材料（4、5人分）
ベーコン（ブロック）…50g
大麦…40g
トマト（中玉）…1個
きゅうり…1本
カラーピーマン（緑、赤）…各1個
じゃがいも…小1個
にんじん…小1/2本
玉ねぎ…1/2個
セロリ…1/4本
野菜のスープストック*
（または水）…4カップ
塩…小さじ1
オリーブオイル…大さじ2

＊野菜のスープストック
野菜の皮、種、芯、ヘタなどいつもは捨ててしまう野菜の部位100g程度と水5カップを鍋に入れて中火にかける。沸騰したら弱めの中火にして10分ほど煮出し（a）、そのまま鍋中で冷ましてザルで漉す。野菜はじゃがいもやにんじん、玉ねぎ、にんにくの皮、ピーマンのヘタや種、キャベツの芯など。夏場はそのまま置いておくとカビるので冷凍庫で保存。冬場はザルに広げて乾燥させておき、ある程度量がまとまったらスープストックを作る。

作り方

1 野菜とベーコンは1cm角に切る。

2 鍋にオイルとトマト以外の1、大麦を入れ、中火にかけて軽く炒める。

3 全体にオイルが馴染んだらスープストックを加え（b）、沸騰したら蓋をして弱めの中火で30分ほど煮る。

4 とろみがついて野菜がやわらかく煮えたら、トマトを加える。5分ほど煮て、味をみて塩で調える。

b

a

野菜は
やわらかく
煮るほど
おいしい

くったり、
しっとり、
クタクタと。

飛田和緒

東京都生まれ。高校時代を長野で過ごし、山の幸や保存食のおいしさに開眼する。現在は、神奈川県の海辺の町に夫と高校生の娘と3人で暮らす。近所の直売所で野菜を求め、家族のために日々おいしい食事を作る。気負わず、素材のおいしさを引き出すシンプルなレシピに幅広いファンを持つ。

撮影　邑口京一郎
スタイリング　久保原恵理
デザイン　米持洋介（case）
編集　小池洋子（グラフィック社）

2021年10月25日　初版第1刷発行

著者　飛田和緒
発行者　長瀬 聡
発行所　株式会社グラフィック社
〒102-0073
東京都千代田区九段北1-14-17
電話　03-3263-4318(代表)
　　　03-3263-4579(編集)
郵便振替　00130-6-14345
ホームページ　http://www.graphicsha.co.jp

印刷・製本　図書印刷株式会社

ISBN 978-4-7661-3578-7　Printed in Japan